COMECE A SE AMAR

ALEXANDRA GURGEL

COMECE A SE AMAR

UM GUIA PRÁTICO E INFORMATIVO PARA UM CORPO LIVRE DOS PADRÕES

1ª edição

Rio de Janeiro
2021

CIP-BRASIL. CATALOGAÇÃO NA PUBLICAÇÃO
SINDICATO NACIONAL DOS EDITORES DE LIVROS, RJ

Gurgel, Alexandra
  Comece a se amar / Alexandra Gurgel. - 1. ed. - Rio de Janeiro : BestSeller, 2021.

  ISBN 978-65-5712-189-4

  1. Imagem corporal em mulheres. 2. Beleza física (Estética). 3. Autoestima. 4. Autoaceitação. I. Título.

21-72585 　　　　　　　　　　　CDD: 305.42
　　　　　　　　　　　　　　　　CDU: 316.346.2-055.2:616-007.71

Camila Donis Hartmann - Bibliotecária - CRB-7/6472

Copyright © 2021 por Alexandra Gurgel

Todos os direitos reservados.
Proibida a reprodução, no todo ou em parte, através de quaisquer meios.
Os direitos morais da autora foram assegurados.

Design de miolo: Ilustrarte Design
Fotos de capa: Vivi Bacco

Texto revisado segundo o novo Acordo Ortográfico da Língua Portuguesa.

Direitos exclusivos de publicação em língua portuguesa somente para o Brasil adquiridos pela
EDITORA BEST SELLER, LTDA
Rua Argentina, 171 - Rio de Janeiro, RJ - 20921-380 - Tel.: (21) 2585-2000, que se reserva a propriedade literária desta tradução.

Impresso no Brasil

ISBN 978-65-5712-189-4

Seja um leitor preferencial Record
Cadastre-se e receba informações sobre nossos lançamentos e nossas promoções.

Atendimento e venda direta ao leitor
sac@record.com.br

BORA UM DIA DE CADA VEZ?

Dedico este livro a todo mundo que acredita que se amar é revolucionário e um caminho sem volta em direção à liberdade ♥

PREFÁCIO

> "Dieta é a cura que não funciona para um problema que não existe."
>
> – The Fat Underground

Se você é mulher e pegou este livro para ler, imagino que a sua trajetória até a autoaceitação tenha sido sofrida e tortuosa. Há poucos anos, a ideia de aceitar o seu corpo como ele é parecia impensável. Não existiam livros nem filmes que retratassem corpos diversos. O único lugar que corpos gordos ocupavam na publicidade era na foto de "antes" do comparativo "antes e depois". Se você é adulta hoje, cresceu venerando corpos de supermodelos, se comparando a um padrão que não é real, que foi photoshoppado e vendido como alcançável... Se apenas você se esforçasse para colocar a preguiça de lado.

Como se não bastassem as dietas da moda, eternamente nos vendendo a promessa de "secar em 10 dias", há as cintas modeladoras, os cremes antienvelhecimento, as musas fit, os termogênicos, as anfetaminas, os laxantes, a bariátrica, a lipoescultura, as próteses de seios e glúteos, os aplicativos de edição de imagem, os realities de emagrecimento, a bichectomia para afinar o rosto. Para cada insegurança sua, existe um procedimento estético. A lista não tem fim.

As coisas que nos dispomos a fazer pelo "corpo ideal" falam por si. De cortar um grupo alimentício a arriscar a vida em uma mesa de cirurgia. E quando uma mulher morre vítima desses procedimentos, a própria sociedade que empurra o emagrecimento goela abaixo a condena: "Também, quem mandou ser escrava da beleza? Morreu nas mãos da própria vaidade."

Como foi que chegamos a esse ponto? Do que estamos abrindo mão na busca incessante pelo corpo perfeito? O custo real da nossa obsessão com o corpo vai muito além da fome e da insatisfação com a imagem. Sacrificamos horas dos nossos dias, sacrificamos uma relação boa com a comida, sacrificamos uma energia que poderia ser gasta com nossos relacionamentos e projetos pessoais. E, em troca, estamos mais infelizes do que nunca.

Eu já conhecia o trabalho da Xanda quando mais precisei dele. Meses antes do meu casamento, decidi de forma consciente que a única coisa que eu faria para entrar em um vestido de noiva seria encontrar um que coubesse em mim. É um pensamento tão simples, mas que eu não teria como colocar em prática se não fosse o trabalho e o ativismo da Xanda.

E ao me permitir casar com o corpo que eu tinha, pude focar completamente na minha relação, no evento, nos convidados e também me reconhecer nas fotos, em vez de fazer aquilo tudo ser sobre o meu peso. Porque, infelizmente, a realidade é que a pressão estética, presente na vida de todas as mulheres, vem com força total na hora do casamento. É nessa hora que vivemos na pele o machismo por trás da produtificação do nosso corpo.

Pense nas manchetes: "Descubra como Fulana fez para secar e entrar no vestido de noiva", "Dietas para casar de barriga chapada", "Como controlar a gula durante o noivado". É toda uma indústria que faz você acreditar que só será digna do seu marido se couber em um vestido X, aliás, a letra correta seria P, não só durante o casamento, mas depois dele, ok, meninas? E não vejo nenhum homem com a mesma neura sobre caber no terno.

Emagrecer para casar é um pensamento tão difundido na sociedade que até eu me casar não sabia que era possível planejar esse evento sem pensar em diminuir de tamanho. Da forma como a cultura do emagrecimento funciona, todas as etapas da vida feminina são sobre perder peso. Vai casar? Emagreça! Virou mãe? Emagreça logo e recupere o seu corpo de "antes".

Talvez, entre uma dieta da proteína e uma aula de crossfit, você tenha se perguntado se o propósito da sua vida era realmente diminuir ao máximo o seu índice de gordura corporal. Quem sabe, dentro do provador da loja, ao se deparar com o tamanho da sua calça, você tenha desconfiado que a felicidade poderia estar em outro lugar, e não na numeração de um jeans.

E adivinha? Você estava certa. A parte de você que sempre desconfiou de que havia mais para ser conquistado na vida do que o corpo perfeito tinha razão. Existe toda uma vida a ser vivida para além dos padrões de beleza, e é este assunto que Alexandra aborda.

O trabalho dela é importantíssimo quando pensamos em representatividade. Enquanto a atual geração de mulheres adultas estava crescendo, não havia nenhuma mulher fora dos padrões nos falando que a vida era mais do que uma guerra com a balança. Só o fato de a Xanda existir nas mesmas redes sociais que propagam a competitividade tóxica pelo corpo perfeito, em si, já é um antídoto contra o sistema.

E vídeo após vídeo, post após post e agora livro após livro, a Xanda desmascara a canalhice por trás da cultura da dieta, fornece instrumentos para repensar a autoestima e ajuda na construção de um amor próprio capaz de revolucionar a sua vida.

Se você está cansada de começar e falhar em mais uma dieta, se não aguenta mais os grupos de família do Whatsapp fazendo piadas com gordos, se você já começou a desconstruir tudo aquilo em que foi doutrinada a acreditar, este livro é para você.

E se você não sabe nem por onde começar, só sabe que está cansada de se odiar, então este livro também é para você. Aposente a sua cinta modeladora e se junte à revolução que está libertando mulheres mundo afora. Afinal, existem milhões de formas de ser bonita de verdade, e nenhuma delas envolve sofrimento.

Rafaella Machado,
editora-executiva
da Galera Record

INTRODUÇÃO

"A cultura do corpo perfeito quase me matou."

– Alexandra Gurgel

Quando foi a primeira vez que você percebeu que seu corpo era um problema? Que havia alguma coisa errada com ele? Que não era tão interessante assim? Me diz, com que idade você se sentiu feia pela primeira vez?

Eu tinha 9 anos.

O médico falou que eu era gorda e, por isso, ninguém gostaria de mim. Era um endocrinologista, não um psicólogo, mas o "conselho" me fez entender que eu era diferente dos outros, que eu não era boa o suficiente e nem mesmo bonita.

Aos 9 anos. Eu só queria brincar de boneca.

Na televisão, os desenhos eram só com meninas magras, as princesas eram magras, nas revistas em quadrinhos os personagens eram magros... Com exceção da Mônica, que era chamada de gorducha e ficava brava por isso, eu não tinha nenhuma referência de corpo parecido com o meu.

Quando eu via corpos como o meu era sempre no contexto de falta de saúde, de "cuidado, alerta, você pode morrer a qualquer momento!", "ninguém vai te querer", "coitada da fulana, engordou".

As matérias da televisão sobre "os riscos da obesidade" mostravam aquelas pessoas gordas andando na rua ou comendo fast-food, a cabeça mal enquadrada na tela, como se não fossem suficientemente humanas e bonitas, dignas de serem identificadas.

E foi assim que, aos 9 anos, decidi que ser magra era o objetivo principal da minha vida, afinal de contas, as coisas legais na TV, nos comerciais e até na minha brincadeira de bonecas só aconteciam com gente bonita. E o bonito é ser magro. Aprendi isso rápido. As bonecas começaram a não ter mais sentido para mim. Elas eram perfeitas, eu não.

Bom, a partir de então passei por todo processo normal que se espera de uma menina que vira mulher: busquei ser magra com unhas e dentes, fazendo dietas "milagrosas" (spoiler, o milagre jamais aconteceu!); dietas restritivas até não poder mais (dias sem comer e, quando comia, eram 400 calorias, depois crises de compulsão); remédios; laxantes; diuréticos; tratamentos estéticos... Até que minha família me ofereceu uma lipoescultura quando eu tinha 23 anos. E aí você pode pensar: que presentão, hein?

Só que essa cirurgia foi o começo do meu quase fim.

Mas também o início de uma jornada sem volta.

Digo isso porque a lipoaspiração, junto ao silicone, mudou meu corpo para sempre. Eu tirei 9 litros de gordura, e muita gente me pergunta como, já que o permitido é apenas 7. O truque? Reinjetar os outros 2 litros no quadril e nas nádegas.

Aí, sim, eu fiquei perfeita; para o mundo e para mim. Cintura desenhada, barriga retinha, peito e bunda... QUEM se importa com o resto? Recebi elogios, cantadas, havia pessoas interessadas em mim. Eu me senti confiante em meu corpo. Aconteceu tudo que a criança de 9 anos queria: finalmente me tornei bonita. Mas já ouviu aquela frase "mentira tem perna curta"? Vê se você entende aqui comigo.

Eu fui para uma mesa de cirurgia para ser toda remodelada. Como se eu tivesse vindo ao mundo com defeito e precisasse de conserto. Fui desenhada novamente, meu corpo, reesculpido, para que o mundo me aceitasse e para que EU finalmente pudesse ser feliz. Então por que então, depois de tudo isso...

Eu me sentia triste?

Eu estava triste porque eu era uma mentira. Estava depressiva porque não sabia mais quem eu era. Toda essa pressão para ser perfeita — somada aos transtornos alimentares, à falta de amor-próprio e ao fato de ter me isolado, abrindo mão de conviver socialmente, como uma pessoa normal — me tornou depressiva.

E mesmo vivendo um "sonho que virou realidade", três meses depois da lipo, tentei o suicídio. Digo no meu primeiro livro, *Pare de se odiar*, que, na verdade, fui bem-sucedida, consegui, eu me matei! Porque aquela Alexandra realmente não está mais entre nós. A Alexandra que está aqui hoje nasceu no momento em que ela entendeu o motivo de estar viva.

Engordei depois da lipo. É o que falam: "desperdicei a cirurgia", meu corpo foi querendo retomar a velha forma. Quanto mais me preocupava em engordar, mais eu engordava. Tenho fibroses na barriga, pedaços de tecido enrijecidos, doloridos até hoje, porque, no pós-operatório, eu usava uma cinta muito apertada, além de uma faixa que o médico amarrou na minha cintura, e isso prejudicou a minha cicatrização.

Meu corpo queria respirar e precisava de mais espaço. Ele gritava lá de dentro da cinta pp, "EI, TÁ MUITO APERTADO AQUI!"... Por que somos ensinadas que, para sermos bonitas, precisamos ser cada vez menores? Ocupar cada vez menos espaço?

Eu estou fazendo essa reflexão aqui, mas a ficha de que tinha alguma coisa errada não caiu rápido assim. Não foi um botão que, de repente, achei em mim, apertei e pronto: me amei. Foi um processo.

Comecei no YouTube, igualzinho a qualquer pessoa a fim de falar sobre algo que machuca, mas sem saber como abordar o assunto, entende? Tentando ser engraçada. Fazendo piada. Só que não demorou muito pra eu perceber que não dava pra achar engraçado o fato de um corpo gordo ser motivo de piada se pessoas cometem suicídio por não se aceitar como são, pela falta de empatia e respeito dos outros.

Foi na internet, criando meu canal, conversando com quem me acompanhava, que eu comecei a entender o meu lugar e escutar minha própria voz. Foi pesquisando o que eu não sabia, ouvindo relatos parecidos com os meus, que entendi que eu não estava sozinha. Minhas dúvidas, minhas questões com meu corpo, não eram só minhas... por incrível que pareça, a gente é condicionada, sim, a viver achando que nossos problemas são tão pessoais que sofremos sozinhas, não enxergamos nossas amigas, mães, avós, que estão conosco, pensando: "É só perder mais uns 5 quilinhos e tudo vai ficar bem", "é só fechar a boca"... Condicionadas, igualzinho à gente, a viver em função do corpo a vida inteira, como se fôssemos só isso. Foi por meio da internet, tendo acesso a outras histórias e criando uma rede de pessoas interessadas em se descobrir e viver seu corpo de verdade, que hoje eu estou aqui, incentivando, principalmente mulheres, a serem livres. Irônico, né?

Quando eu tive acesso a literatura feminista percebi o quanto questões sobre corpo e aparência são problemas sistêmicos. Eu estava doente não pelo fato de estar fora do padrão, mas sim, por ser forçada a entrar em um. A sociedade me adoeceu. E adoece a todas nós desde muito cedo. Ela nos aprisiona num ideal de beleza que, se você parar para pensar, nem existe.

Porque todo mundo se propôs um ideal inatingível: 5 quilinhos a menos, barriga trincada, perna sem celulite, tratamento de estria, nariz mais fino, cabelo liso, dentes brancos. Nunca acaba.

Já se perguntou se sua insatisfação com o corpo, sua disposição para gastar todo o seu tempo e dinheiro com ele não passam de uma oportunidade para alguém lucrar? Nasceram da demanda de um mercado? A cultura da dieta move bilhões e bilhões de dólares ao ano, e não foi à toa que uma pesquisa da Dove Global de 2011 apontou que 96% das mulheres do mundo NÃO estão satisfeitas com seu corpo. Tem um mercado inteiro prontinho, à espera de sanar suas insatisfações e criar novas.

Mas você nem sabe o que quer. Imagine que você está nadando no fundo de um mar de insatisfações e, para emergir dali, só com o corpo perfeito. Então você nada, nada, nada. Emagreceu, mas agora tem que ter o lábio carnudo igual ao de alguma famosa. Aí nada, nada, não chega nunca e agora quer a harmonização facial. Aí nada, nada, está sem força, com fome, sem energia, mas segue nadando, sem uma pausa para pensar aonde você pretende chegar. Você nem sabe mais. Você quer ir mesmo? Tem certeza? A lipoescultura vai ser a salvação da sua vida? Para onde você está indo? Volta aqui!

Sentir-se feliz na própria pele é pensar em todas as verdades que você conhece sobre certo e errado, e começar a questionar, pensar de outra forma. AS PESSOAS NÃO SABEM LIDAR COM A LIBERDADE. POR ISSO PERMANECEM PRESAS DURANTE TANTO TEMPO, NADANDO SEM RUMO.

Entendi o que era gordofobia, pressão estética e como esse padrão é usado para nos controlar. Eu, lá atrás, quando tentei fazer piada sobre o meu corpo e me questionei, descobri a gordofobia. Descobri que o corpo gordo não cabe na estrutura da sociedade, não tem roupa, não passa na catraca do ônibus, não tem maca no hospital e precisa ser emagrecido a qualquer custo, porque ele é "defeituoso". Porque além de feio, ele está errado; precisa ser consertado para ser bonito e aceito.

A pressão estética faz parte da vida de qualquer mulher. Não é como a gordofobia, que impede corpos gordos de viver em sociedade, mas é um medo constante de não ser bonita o suficiente. O Brasil é o líder mundial no ranking de cirurgias plásticas.[1] Mulheres magras também morrem fazendo lipo. E eu pergunto: imagine se plástica fosse mais acessível? Seria como fazer uma escova no salão, você entra, faz e vai embora. Entra outra, faz, morre, entra outra, e mais outra...

Entendi, ao longo desses seis anos pesquisando e falando sobre corpos, que é preciso fazer as pessoas compreenderem o que é pressão estética para levarem a sério a gordofobia. Afinal de contas, só quando todo mundo entende que faz parte do problema que conseguimos mudar.

Hoje, somando as minhas redes, tenho milhões de pessoas interessadas em refletir comigo sobre tudo isso que eu estou falando aqui. Por que não somos todas bonitas do nosso jeito? Por que somos ensinadas que o maior elogio para uma menina, uma mulher é ser bonita? Não somos mais do que nossa aparência?

E nessa jornada que a vida me apresentou, criei o Movimento Corpo Livre, com centenas de milhares de pessoas interessadas em serem livres do jeito que são. O movimento é vivo, orgânico, ele é real. Não estou sozinha mesmo nessa!

Hoje, parei de esperar um corpo perfeito. Mas sabe o que espero atualmente? Que meninas de 9 anos continuem brincando de bonecas, e que a gente tenha mais bonecas, gordas, com deficiência, negras, com cabelos crespos, cacheados... Eu espero que meninas de 9 anos se olhem no espelho e se vejam lindas como elas são. E mais: espero que elas entendam que, apesar de serem lindas, são muito mais do que a própria aparência.

Obrigada.
Aproveita a leitura, meuamô.
Simbora.

CAPÍTULO UM

POR QUE AINDA NÃO CONSIGO ME AMAR?

"Você não pode ser o que você não pode ver."

– Marion Wright Edelman

A sociedade não quer que as pessoas aceitem a própria imagem. É difícil a gente ver beleza no nosso corpo quando todos à volta dão opinião. Nossa família, colegas de trabalho, às vezes até desconhecidos na rua, estão sempre sugerindo modificações para "melhorá-lo".

Somos lidas como feias, gordas demais, nunca adequadas o suficiente para sermos admiradas, vistas como belas. Nós nos vemos como um projeto para um dia atingir esse objetivo. Objetivo que, em um mundo que lucra com insatisfações e modificações corporais, fica cada vez mais distante, irreal, intocável.

Além disso, existe a constante influência das redes sociais. Quando rolamos o feed do Instagram vemos vários "corpos perfeitos" associados à "vida perfeita", à felicidade, ao sucesso. Vemos a "perfeição" sendo exaltada e admirada o tempo todo, como se fosse a única forma de ser feliz e bela. Pensamos automaticamente: "Eu sou feia, queria ser bonita como ela." Estamos sempre observando a vida alheia. Na verdade, temos acesso apenas à melhor versão editada e postada em uma rede social. A comparação é injusta, já que a vida real nunca será perfeita assim. Precisamos voltar a olhar para nós. Sem romantizar ou exigir perfeição; só olhar e entender a nossa existência natural. Sem todos os filtros colocados pela pressão que sofremos. Olhar para nosso cabelo sem pensar que alguém sugeriu um alisamento. Olhar para o nosso corpo sem pensar naquela propaganda de cinta modeladora ou na tal lipo de alta definição que as famosas fizeram. Ver nossa pele sem compará-la com outra cheia de filtros, sem acne, cicatrizes, manchas, estrias e celulite, modificada digitalmente.

Exercitando esse olhar gentil, podemos separar o que é real do corpo interpretado como um histórico de opressão, xingamentos e críticas. **É preciso entender que um corpo, antes de estar dentro ou fora do padrão, é apenas um corpo.** Nosso olhar está machucado por toda a expectativa do que deveríamos ser. O que sentimos ao olhar para o nosso corpo é influenciado por tudo o que dizem sobre nós. Será que você olha mesmo para o seu corpo ou está apenas se comparando aos outros?

Um livro inteiro dedicado a esse tema?

Se a resposta para a pergunta "Por que ainda não consigo me amar?" fosse fácil, eu não estaria há três anos escrevendo este livro, que surgiu justamente da necessidade de um material totalmente dedicado a como você começa a se amar para valer. É esse o questionamento que mais escuto: "Xanda, como eu me amo?"; "Xanda, como começo a me amar?". Mas é ousadia demais dizer que este livro vai fazer você se amar. "Ué, como assim????".

ANTES de tudo, vou falar uma coisa para acalmar sua ansiedade e também alinhar nossas expectativas: não é uma dica prática e pronto, tudo muda. Não é do dia pra noite. Não é fácil. Se você busca por um livro que te ensine a apertar um botão e resolver tudo, sinto lhe informar que não é este que está em suas mãos.

E nem adianta entrar na maior biblioteca do mundo, atrás da fórmula mágica; nenhum livro ou objeto tem esse poder. Você tem que estar envolvida, disposta e interessada REAL, porque é sobre você. Só funciona se você quiser. O ser humano é complexo demais para que a cultura de hábitos, pensamentos e crenças sociais de uma vida inteira mude de uma hora para outra. MILAGRE NÃO EXISTE quando se trata de aceitação.

Não existe a mulher maravilha da aceitação, inquebrável, resistente a tudo, sempre feliz. Não é fácil mesmo. E vale lembrar que o amor-próprio é um processo constante, e não uma linha de chegada; ou seja, a cada dia a gente constrói um pouco mais a nossa autoestima, e existem dias, lógico, que parece que recuamos um passo. E tudo bem. Faz parte. Mas aqui eu vou estar ao seu lado e te ajudar, pouco a pouco, a apertar esse botão "mágico", que nada de mágico tem: é esforço mesmo.

Sabe aquela força de vontade que você sempre quis que surgisse para enfim seguir à risca a dieta dos sonhos ou aquela rotina exaustiva de exercícios? Não é dela que você vai precisar. Nem entre nesse modo, não associe a lógica da cultura da dieta à aceitação. É justamente o inverso: você precisa relaxar agora, abrir a mente, sentir-se confortável e tranquila para seguir adiante.

Bora combinar isso?

Beleza então. Continuando. Um dia de cada vez.

Acredito ser muito difícil (para não dizer impossível) falarmos de padrão de beleza sem falarmos de machismo, de como a sociedade foi pensada por e para os homens. Parece papo de "feminista chata", mas não é não. Para sacar qual é a do padrão, é preciso entender que o objetivo de um molde nunca foi a beleza em si, e sim o controle dos corpos femininos.

Teoria da conspiração? Infelizmente, não. É apenas o padrão mesmo. Assim, podemos entender que todas as imagens que já vimos de mulheres "perfeitas" foram criadas com o objetivo de nos deixar tão preocupadas com a barriga chapada, com o manequim

36, com o inatingível "corpo de verão", que esquecemos de algumas prioridades, como equidade salarial, representatividade em cargos de poder, direito ao aborto etc.

O padrão de beleza se baseia em uma "imagem perfeita" para controlar a mulher, suas atitudes, seu comportamento, suas decisões e, até mesmo, sua aparência. Existe muita coisa por trás da indústria do padrão de beleza e muito dinheiro a ser ganho graças a insegurança feminina, já que a busca pela perfeição é bastante lucrativa para vários segmentos da sociedade.

O jogo muda quando descobrimos que podemos ir além, que essas insatisfações foram criadas e que a realidade NÃO PRECISA SER assim. "Realidade é uma ilusão compartilhada", eu amo essa frase. **Quando "ser perfeita" deixa de ser o propósito feminino, avançamos em prol das lutas que realmente importam.**

Aos poucos, você vai entender seu lugar na sociedade, o contexto social em que está inserida e, um dia de cada vez, perceber que não precisa ser do jeito que te falaram que tinha que ser. Que sempre existiram mil formas de beleza e que você pode ser bonita como você já é, do seu jeito. As mulheres são as que mais sofrem com uma sociedade pensada por e para os homens, mas eles também não saem ilesos dessa história toda. Você vai entender já já.

Mas as coisas não estão melhorando, Xanda? Estamos na primeira onda do Movimento Corpo Livre

Sim, parecem estar, né? Três anos depois de lançar o *Pare de se odiar* muita coisa já mudou e pessoas fora do padrão vêm ocupando espaço, sendo contratadas para campanhas de marcas, aparecendo em matérias de revista, bombando na televisão, na moda, ganhando seguidores nas redes!

A pauta Corpo Livre começou a ser compreendida e discutida; nunca crescemos tanto! Fomos capa da *Vogue Brasil* em outubro de 2020; eu fui capa do Caderno Ela do Jornal *O Globo* em abril de 2021; a cantora Anitta lançou o clipe de "Girl From Rio" e enalteceu corpos reais para o mundo inteiro; Corpo Livre foi assunto de muitos programas importantes, como *Fantástico, Encontro com Fátima Bernardes*; estampamos também grandes veículos de mídia, como *Nexo Jornal, CartaCapital, O Globo, Estadão*... no Brasil inteiro! Há muito a ser citado, e isso é bom demais! Quem diria? Estamos ganhando espaço, voz, hoje somos muitas. É uma comunidade viva, verdadeira e orgânica, porque nos conectamos em um lugar comum a todas nós. Hoje, a gente existe!

Dei várias entrevistas nos últimos anos, principalmente em 2020, respondendo essa pergunta sobre "as coisas estarem melhorando". A revista *Marie Claire* me convidou, inclusive, para escrever minha visão do que observei sobre o avanço da pauta Corpo Livre durante a pandemia. E fui ousada o suficiente para aceitar. Disse no meu texto que estamos caminhando e, durante esse período de isolamento social, principalmente no primeiro semestre de 2020, nunca se discutiu tanto o tema como nos últimos cinco anos.

E é por isso que no papel de alguém que pesquisa, escreve, observa e está na linha de frente desse assunto, afirmo que estamos vivendo **a primeira onda do Movimento Corpo Livre**. Essa onda, que começou na internet, agora já está se espalhando pela vida real, para o off-line, um dia de cada vez. É real a mudança. Estamos vivendo um período em que crianças e adolescentes têm a possibilidade de escolher a liberdade, pois seus pais estão se libertando também! Hoje, temos mais representatividade, pauta encaminhada, discussões acirradas, algo que antes eu nunca imaginaria. Sabe por quê? Porque quando eu era criança e adolescente essa pauta não existia. Agora está presente no vocabulário de crianças e adolescentes. E isso é maravilhoso!

Quando lancei o P.O. (vou abreviar o *Pare de se odiar* a partir de agora, tá?), conheci uma criança, em Curitiba, que foi sensacional. Eu não recordo o nome do garoto, mas vamos chamar de Pedro. Ele chegou para mim: "Xanda, eu te amo e quero me desconstruir que nem você." Daí eu fiquei encantada e falei com um sorriso gigante e curioso: "Como assim, Pedro? Você tem quantos anos?". Ele me contou que tinha 9. Eu fiquei curiosa: "Mas o que você tem para desconstruir, meuamô?" Então tomei um tapa na cara daquela fofurinha: "Minha infância não foi fácil, tia Xanda. Eu preciso me amar."

Eu quis chorar, e realmente fiz isso. Ele abraçou a minha perna depois de falar. Tinha um irmão gêmeo, que só me abraçou e tirou foto. Você entende o que eu tô falando? Quando eu imaginaria que crianças de 9 anos — a mesma idade que eu tinha quando comecei a me odiar — hoje se dedicam a CONSTRUIR o amor-próprio desde cedo? EU TÔ ARREPIADA ESCREVENDO! Eu me emociono mesmo, porque isso é o futuro. É a esperança!

E isso aconteceu em 2018. Agora, com o aplicativo TikTok então, elas estão cada vez mais na internet e em busca de conteúdo sobre o assunto. Nunca imaginei que gostaria tanto de uma rede social para brincar, me divertir e, quem diria, falar de Corpo Livre, de aceitação! Essa rede social, para quem não conhece, é só de vídeo! E lá você pode dublar áudios, e eu percebi quantas crianças estão realmente ali, "brincando de dublar" falando "meu corpo não é público pra você passar a mão", sabe? Isso é lindo de ver.

Fico feliz em pensar o quanto a lista de coisas BOAS que acontecem só aumenta. As coisas estão mudando, e tendem a mudar cada vez mais, porque agora descobrimos o antídoto para esse veneno que nos mata com insatisfações dia após dia. Estamos criando um novo jeito de pensar corpos. Uma nova maneira de lidar com formatos, cores diferentes, de ver positividade em cada um, de achá-los bonitos, interessantes, MESMO que queiramos mudar, MESMO que ainda achemos uma parte ou outra feia, MESMO que ainda insatisfeitos.

Isso faz parte da vida e cada vez mais entendemos que sempre, sempre mesmo, teremos questões com nosso corpo. Mesmo a pessoa mais padrão do mundo um dia vai envelhecer e sair do padrão da jovem magra. Isso é um fato. O que muda é a forma como você lida com essas questões. E esse é o BOTÃO que você vai aprender a apertar com este livro. Mas como eu disse: não tem nada de mágico aqui. Você vai ter que se dedicar. É por você, garota! Simbora que tô contigo ;)

A prisão dos "fora do padrão"

Bora começar a apertar esse botão? Saiba que é difícil porque o jogo do padrão é injusto. Pode ser que você não esteja nas melhores condições para fazer esse movimento, porque pode estar na prisão ou vivendo em condicional. "Ai, Xanda, como assim?" Acompanha. É uma analogia pra você entender a situação. Reflete comigo.

Pense numa prisão. Qualquer uma serve. Pensou? Pensa aí. Espere para virar a página.

Sendo você fã ou não de séries de TV que se passam em prisões (como *Prison Break* e *Orange is The New Black*), provavelmente você pensou em um lugar estranho, desconfortável, sem possibilidade de se conectar com o mundo externo, sem muitos amigos, com medo das pessoas ao seu redor, sem uma alimentação que você deseja, sem poder fazer as coisas que quer, seguindo duras regras de convivência. Até parece o BBB, mas é uma prisão, sabe por quê? Porque você é uma criminosa na prisão dos fora do padrão.

Você viveu anos aprisionada. Talvez ainda viva. E essa prisão é diferente. Ninguém nas celas cometeu crime algum, foram todos acusados injustamente de serem "fora do padrão". Você não é uma criminosa, mas não sabe disso... acha que é, porque te obrigaram a estar atrás das grades, a seguir as regras, a ser igual aos outros. Quem te mantém presa é a sociedade, a indústria da beleza, o mercado do emagrecimento, a publicidade, as celebridades que continuam ditando um padrão, mesmo que também vítimas... Foi tudo isso e mais um pouco que te colocou nessa prisão, amiga, mas é você que precisa ter forças para sair. Isso é tão injusto, né?

Nessa prisão, o crime cometido é a busca pela perfeição compulsória que todas nós buscamos. A obrigação de ser perfeita, de não se afastar do que é considerado bonito, belo, um status a ser atingido. Mas engana-se quem acha que nessa prisão só tem gente "feia". De acordo com a Dove Global, a galera padrão também está presa, já que só 4% das mulheres do mundo estão satisfeitas com o próprio corpo, né? Então é geral mesmo.

Aí eu te pergunto: você acha que resolve a própria insatisfação criando ainda mais desconforto para si mesma? Acha que esse sentimento muda se você faz dieta restritiva, se mata de se exercitar, muda partes do seu corpo como se mudasse de roupa? Você sonha em poder ser livre, mas se aprisiona num mar de insatisfações com o objetivo de que isso dará um fim a todos os sentimentos de inadequação? Consegue visualizar o ciclo vicioso desse processo de controle? A ideia é que você nunca saia da insatisfação. Eu parecia uma Kardashian e tentei me matar 3 meses depois. Entende? Vai além da aparência.

A prisão dos fora do padrão faz todo mundo achar que o corpo perfeito é a chave da "tal liberdade", que é a oportunidade de ter uma vida, de ser feliz, de ser liberta. "Finalmente minha vida vai acontecer depois que eu emagrecer"; "quando eu tiver a barriga desse jeito vou poder usar cropped"; "no dia que eu estiver bonita vou usar biquíni"; "quando eu for magra vou usar branco no Ano-Novo"... E quando você vai usar o biquíni mesmo? Talvez nunca!

Entrevistei a atriz e ex-BBB Rafa Kalimann na primeira temporada do meu programa de Verão, o #VerãoDaXanda, em 2021, e ela me confidenciou que postava fotos lindas de biquíni na internet, mas não conseguia fazer o mesmo na frente das pessoas, na vida real. Mesmo a Rafa, que é um ícone de beleza no Brasil, tinha problemas em expor o corpo.

Outra maravilhosa que me deu entrevista nessa mesma temporada e falou algo parecido foi a apresentadora e influenciadora Thaynara OG: "Antes eu colocava biquíni e ia para o final da água, nadando até chegar nas pessoas, pra ninguém me ver de biquíni." Entende? Ninguém nunca está satisfeito, porque é isso que querem que você sinta o tempo todo: insatisfação. É ela que te mantém aprisionada, girando, andando em círculos num labirinto que nunca acaba. É aquele "bichinho" que te diz que você não é boa o suficiente pra nada.

Pense na sua amiga que tem distúrbios alimentares. Ela costuma ficar horas sem comer e, quando come, vomita, toma remédio. De alguma forma, ela pensa que é bom passar fome, que é bom "expurgar" a comida. Mas isso é a sua amiga se odiando, porque comer é essencial para vivermos, então por que fazer isso? É o ódio-próprio puro e simples. Um "amor" tortuoso, invertido, que faz a pessoa pensar que está tomando atitudes benéficas para si mesma, mas acaba apenas machucada. Mesmo que não queira.

Ou quando a sua amiga se corta. Machucar seu corpo não pode ser algo que te faça bem, certo? Ou quando você faz uma cirurgia plástica com qualquer médico da esquina. Pôr a sua vida em risco é querer seu próprio bem? Em que momento normalizamos o ódio ao nosso corpo, a quem somos? Quando foi naturalizado o fato de que nos tornamos nossas maiores inimigas?

Ao pararmos de nos odiar, quebramos o ciclo. É como sair de um relacionamento abusivo, e o maior de todos: o que você tem consigo mesma. Quebrar o ciclo é difícil **demais**, pois é ir contra a sua essência, os seus aprendizados e hábitos de toda uma vida. Ou seja: se eu ficava dias sem comer, agora vou me alimentar. Se eu me cortava, agora não vou mais me cortar. Se eu queria fazer essa cirurgia, vou pesquisar melhor, ver se encontro um bom médico e refletir se eu quero mesmo. Quebrei o ciclo, ok.

Mas e na próxima refeição, será que a sua amiga vai conseguir se alimentar? Às vezes ela só tem forças para tentar se amar uma vez, e logo depois tem uma recaída. Fica sem comer. Volta para a estaca zero. Fica mal, sente raiva de si mesma e começa a se odiar novamente, porque se vê errada, uma fraude. E é por isso que este livro existe: para provar que você não é uma impostora, uma hipócrita. **Quando a gente se odeia por tanto tempo, com hábitos que repetimos todos os dias, cada passo até a recuperação é difícil e nos faz pensar que estamos erradas. É fácil querer desistir.**

Falo de tudo isso com propriedade. Pode até parecer simples e prático demais, mas não é à toa que o livro anterior se chama PARE DE SE ODIAR. Foi um livro inteiro dedicado ao processo. E quando se trata da minha história, como contei um pouco na Introdução aqui, foram anos, anos e anos de terapia e muito autoconhecimento para eu abandonar uma postura suicida, de atentar contra minha vida, para hoje estar aqui, falando com você sobre aceitação. É ZERO fácil. Mas é possível, porque uma vez identificado o problema, trato e lido com ele, eu aprendo a viver um dia de cada vez, em prol do meu bem-estar. É mudar TUDO, sem precisar mudar um fio de cabelo. De coração, é real.

Mas haaaaja tempo, haja vivência, haja processo! Pode ser por isso que muitas vezes você ficou sem comer. Você não teve forças para sair da prisão sozinha. Muitas vezes você está aprisionada e ainda não se deu conta. É por isso que eu quero me apresentar: Advogata Xanda, a seu dispor, meuamô! Vou fazer tudo ao meu alcance para te tirar dessa, beleza? A gente se ajuda ♥

O método para "apertar o botão" e sair da prisão dos fora do padrão

Simbora então começar a entender como vamos sair dessa. Tô te falando sob minha perspectiva de Advogata, já LIVRE dessa prisão, e com toda a minha experiência, assim como a da minha equipe, pesquisando, observando empiricamente e sempre aprofundando o assunto. É o mesmo método do P.O., só que superatualizado, já que agora vamos avançar as etapas. Minha base de trabalho para criar conteúdos, palestras, workshops, é sempre fazer a pessoa passar por um caminho de:

1) **Informação e acolhimento**: aqui a gente traz o máximo de dados, fatos e material de análise e estudo sobre o assunto. Você vai ser informada de algo que nunca foi antes, essencial para começar a apertar o botão, então esse é o primeiro passo. E sempre com acolhimento, para que você entenda que faz parte desse sistema, entenda o seu lugar social e individual nisso tudo, e compreenda que você é, infelizmente, apenas mais uma vítima. Mas podemos sair dessa.

2) **Contextualização e exemplificação**: é trazer exemplos, casos de pessoas famosas ou não, que nos mostrem, na práti-

ca, que pressão estética, gordofobia, preconceitos em geral são uma realidade no nosso país e meio social. E através deles você ganha força, se abre e vai além, pois entende que acontece com todo mundo. Por isso procuro citar grandes nomes, personalidades, especialmente porque estão sob os holofotes e, muitas vezes, são consideradas "perfeitas". Quebrar isso é essencial para seguirmos adiante.

3) Questionar e refletir sobre mudança de hábitos: agora vem o questionamento unido à reflexão sobre mudar seus hábitos nesse processo de aceitação. Será que você precisa continuar num grupo de amigos que só te machuca e fala mal de você? Será que você precisa realmente ser perfeita a todo custo? A lipo que você tanto quer fazer vai mudar a sua vida? Como seria se você gostasse do que vê no espelho? Já pensou em procurar ajuda terapêutica para lidar com tudo isso? Questionar, questionar, questionar sempre. Refletir, refletir e refletir mais ainda.

4) Vivência prática e força para continuar: aqui você começa a botar em prática tudo isso. A fazer exercícios de autoamor, de descoberta da confiança, da autoestima, a entender que você pode ser gentil consigo mesma. É reaprender a se tocar, a sentir seu corpo, a viver o corpo que você tem agora. Pode ser a parte mais difícil do processo para muita gente. Você aprende a lidar com os fiscais de corpos e pratos alheios, aprende a escolher suas parcerias na busca da liberdade. Aqui você precisa se dedicar realmente a tomar a iniciativa, já que ninguém vai resolver as suas questões. É aqui que começa a doer, e talvez você pense em desistir. Mas, calma, todo mundo passa por isso. Vamos juntas.

5) Incentivo para não desistir através do aprendizado: você finalmente consegue construir sua rota em direção à liber-

dade, recebe o alvará para sair da prisão, já que agora tem força, informação, reflexão e vivência suficientes para enfrentar a vida e o preconceito que nunca vai deixar de existir. E quando você sai, mas os seus continuam aprisionados? Como conviver com essas pessoas e a enorme barreira entre vocês? Considero difícil chegar até aqui se você não colocou as vivências em prática, e mesmo colocando... É mais fácil voltar atrás do que permanecer numa coisa nova, desconhecida. Aqui você começa a servir de inspiração para outras pessoas e adivinha? Vai tirar uma galera da situação que você estava antes. Um dia de cada vez a gente sai dessa!

Ao longo deste livro você vai se deparar com todos esses tópicos no mesmo capítulo, outras vezes, vai perceber nitidamente a diferenciação. Não é fácil receber muita informação, saber digerir tudo, lidar, questionar, mudar hábitos, ressocializar, não desistir. É a mudança de uma vida inteira. Quantos anos você tem? Imagina mudar toda a sua visão sobre si mesma, seu corpo e suas vontades construídas ao longo de todos esses anos? Vamos em capítulos, com paciência, gentileza e calma, tá bem?
Então, beleza.
Se prepara que eu te vou deixar com raivinha agora.

12 motivos que aprisionam e que você provavelmente desconhece
(A CULPA NÃO É SUAAAAAAAA)

Bora começar a responder à pergunta deste capítulo de uma vez? Por mais que as coisas estejam melhorando e a pauta Corpo Livre avançando cada vez mais, infelizmente ainda existem muitas coisas que nos aprisionam. E isso é tão injusto, porque por mais que você queira, que tente fugir, existe uma força enorme que te puxa de volta para a prisão. É o tempo todo. Não basta querer. É sobre resistir, aprender a lidar, reconstruir... Então se liga nos 12 motivos que ainda imobilizam e impedem você de perceber o que tá rolando ao seu redor.

Ah! E o mais importante: os motivos que tornam tudo isso difícil pra caramba. É a maior evidência de que A CULPA NÃO É SUAAAAAAAAAAAAA (desculpa, me empolguei).

1) O *body shaming* é naturalizado e dificulta a mudança

Body shaming, na tradução literal, se trata da vergonha do corpo. É tornar o corpo do outro uma vergonha alheia, digno de ser comentado, ridicularizado e discutido. Por exemplo, você vê uma apresentação da Anitta e comenta: "Nossa, o nariz dela tá estranho, né?"; "Ela tá barriguda, será que tá grávida?". E esse tipo de comentário é tão comum no nosso dia a dia que é reproduzido pela mídia com matérias especulativas sobre o corpo da famosa.

Sabe os Instagrams de fofoca que postam "Fulana cortou o cabelo. Gostaram?" Com a pergunta, associada à foto de antes e depois, vem uma chuva de comentários positivos, mas também negativos, sobre a imagem da pessoa. E existe certo prazer em "desgostar" da figura do outro, como se gerasse satisfação falar mal de alguém, sabe?

"Se estão perguntando minha opinião, porque não ser sincera?" E assim a "sinceridade" em forma de comentário vem recheada de ódio: "Achei horrível, preferia antes"; "Já que perguntou, detestei"; "Ela devia era fazer uma plástica nessa cara"; "E isso é cor de cabelo pra idade dela?"...

Isso acontece com absolutamente qualquer mulher e qualquer tipo de corpo. Um grande exemplo disso foi o caso da cantora Adele, que, em 2020, apareceu mais magra, deixando de ser considerada gorda. Ela passou anos e anos escondida, falava sobre como os comentários gordofóbicos que recebia lhe faziam mal. E quando finalmente ela se adapta ao padrão, o que acontece? "Magra demais"; "Parece anoréxica"; "Fez isso pra aparecer porque tá esquecida"; "Pelo menos a voz é a mesma"; "Preferia antes".

Nessa guerra é impossível vencer, porque ninguém está satisfeito nunca! O pior foi que até a galera do movimento antigordofobia gringo se pronunciou contra o emagrecimento da Adele, como se ela estivesse fazendo um desserviço ao emagrecer. **Quem faz desserviço é a sociedade, que aprisiona as mulheres; seja qual for a sua aparência, ela será julgada.**

Mas o *body shaming* não acontece apenas com pessoas públicas. Quando você comenta sobre o corpo da atual do seu ex, falando: "Pelo menos sou mais bonita que ela"; "Olha o tamanho daquele quadril"... "Brinca" sobre a imagem da sua tia, de como o corpo dela é engraçado ou seja lá o que for. Sabe? Esse tipo de atitude foi normalizada.

Pontuar essa prática é quase como se eu estivesse dizendo que tudo que aprendemos como **certo** está **errado**, hahaha, porque é NORMAL comentar sobre o corpo e a vida dos outros... Opinar e fazer graça do corpo de outras pessoas é uma coisa bastante comum. O *body shaming* se tornou socialmente aceito e isso dificulta DEMAIS a aceitação, porque a "anormal" é você por não concordar com algo tão naturalizado. "Ai, tá ficando chatinha demais, hein?"

> ❝ Existem muitas mulheres que levam em consideração o que vocês falam e acabam pagando um preço alto para se encaixar no padrão imposto pela sociedade e mídia. ❞
>
> Preta Gil (Instagram @pretagil, 20 de janeiro de 2016)[2]

▸ **Como saber se é ou não *body shaming*?**
Existe uma linha tênue entre comentários sobre o corpo de pessoas e o próprio *body shaming*. É uma tradição comentar sobre a roupa dos famosos depois de uma festa ou aparição pública. Um tipo co-

mum de comentário é: "Ah, mas esse tipo de roupa não combina com o corpo da fulana."

No entanto, esquecemos que não existe um corpo ideal para usar um estilo ou outro de roupa. Cada pessoa tem o direito de se vestir e expressar o seu estilo da maneira que achar melhor. Não cabe aos outros decidir o que é adequado ou não para cada corpo.

Nos Estados Unidos, em 2017, Dani Mathers, uma modelo da *Playboy*, filmou uma pessoa nua e postou na internet, ironizando aquelas imagens. Ela foi condenada pela justiça estadunidense a manter sempre uma distância da vítima e também teve o uso do próprio celular restrito em público. Imagine se tivéssemos algo semelhante no Brasil e todas as pessoas que comentassem sobre o corpo do próximo na internet tivessem que responder judicialmente?

Em 2018, após a publicação de uma foto com vários comentários sobre o seu corpo, Bruna Marquezine se manifestou nos stories do Instagram. A atriz falou sobre as pressões que sofreu, tanto para emagrecer como para engordar, e o quanto isso abalou sua autoestima. Mesmo tendo um corpo dentro do padrão, as diversas críticas fizeram com que ela desenvolvesse um transtorno de imagem e um quadro depressivo associado ao uso de laxantes por meses para ter um corpo que agradasse a todos.

> *Para todas as pessoas que fazem esse tipo de comentário, comecem a refletir sobre a responsabilidade de vocês e sobre a consequência que a palavra de vocês pode ter. As nossas palavras podem abençoar ou amaldiçoar a vida de uma outra pessoa. Então, sejam responsáveis na hora de falar. Não é só um comentário. Isso pode afetar muito quem está lendo.*
> (Instagram @brunamarquezine, 5 de setembro de 2018)[3]

Um comentário constrangedor não é uma simples "opinião". Quando a sua "opinião" desrespeita o espaço do outro e coloca a saúde mental alheia em risco, se torna uma agressão. O *body shaming* é uma prática da pressão estética similar ao bullying. Esse ato pode ser gordofóbico, dependendo do contexto.

Inclusive, muitas pessoas justificam esse tipo de comentário como se fosse uma questão de "preocupação com a saúde". No entanto, o formato do corpo da pessoa não é um indício decisivo para determinar se ela está sadia ou não. Pessoas gordas podem ter uma vida saudável assim como magras também, cada uma com o seu biotipo. Será mesmo que o seu comentário questionando a saúde de alguém vai fazer bem? Ou só vai gerar mais inseguranças e distanciar essa pessoa do autocuidado físico e mental?

Quantas influenciadoras vão passar por cirurgias plásticas devido aos comentários de seguidores que as acusaram de ser feias demais, gordas demais, narigudas demais? Entende até que ponto isso chegou? As meninas fazem cirurgia por causa de comentários como esses, e tem gente que perde a vida, que fica com sequelas graves.

Em 2020, a influenciadora Stephanie Mattos fez um vídeo contando sua saga de operações no nariz. Ela decidiu operar. Fez a operação. Comentaram sobre o resultado, e ela fez outra. Essa segunda operação deixou sequelas e o nariz de Stephanie ficou aberto, bem na pontinha. Ela dividiu com seus seguidores a necessidade da terceira cirurgia e, chorando, disse que se arrependia de ter operado e que comentários sobre a sua imagem a influenciaram na tomada de decisão para a segunda cirurgia.

É necessário abordar essa discussão e trazer aos poucos uma mudança de cultura. Enquanto esse costume for perpetuado, nenhuma liberdade corporal será alcançada. "Ah, mas as influenciadoras e as famosas são públicas, posso comentar o que eu quiser." Não. Chega na gente. Chega em todo mundo. Machuca. Mesmo.

Tudo isso porque você não aceita a imagem de outra pessoa. Você se incomoda com o corpo dela e quer comentar, quer falar e, às vezes, acha que isso é um comentário inocente "porque todo mundo faz", né?

E não seria esta a razão de reproduzirmos esse hábito conosco? Ridicularizando nosso próprio corpo, falando mal de nós mesmas? Talvez até como forma de autodefesa, já que assim ninguém precisa atacar, falar nada, você mesma já faz o trabalho... Não se sinta mal, porque, infelizmente, todo mundo está insatisfeito com seu corpo, lembra?

Será que essa prática não tem a ver com a NOSSA insatisfação? E assim a gente fica insatisfeito com o corpo do outro também? Ou, ainda, com a liberdade do outro? E isso se assemelha muito ao discurso de ódio. Porque você acha que o corpo do outro é um domínio público e você pode comentar livremente, mas não é. Nenhum corpo é domínio público; seja gordo ou magro, baixo ou alto, preto ou branco... Corpo nenhum deveria ser comentado A NÃO SER quando solicitado, e olhe lá, hein? Respeito.

Enquanto você está lendo este livro, alguém está destilando ódio contra mim e os meus amigos influenciadores gordos, magros, fora do padrão em geral. Parar de praticar o *body shaming* não é fácil, mas sofrer com pessoas jogando isso em cima de você o tempo todo é tão ou mais difícil ainda.

❝ Muito gorda, muito magra. Muito alta, muito baixa. Muito qualquer coisa. É sempre MUITO. Existe uma sensação como se a gente nunca fosse o suficiente. Isso é a vida. Nosso corpo muda. Nossa mente muda. Nosso coração muda. ❞

(Emma Stone em entrevista ao jornal *USA Today* em 1º de maio de 2014)[4]

2) Famosas, em geral, perpetuam a perfeição compulsória: a constante obrigação de estar perfeita

Num país tão desigual como o Brasil, que em 2020 era o nono mais desigual do MUNDO (de acordo com o IBGE), ser celebridade é DAR CERTO. É uma ascensão política, econômica e social.[5] Você tem mais acesso. É o caminho mais fácil, segundo a sociedade, para ascender ao topo da pirâmide e ser bem-sucedido.

Ser famoso é o exemplo máximo de ascensão social. É ser a pessoa que todo mundo gostaria de namorar, de ter como amiga, de ter por perto, de SER! A imagem da pessoa, seu comportamento, tudo em relação a ela se torna um objeto de desejo! E justamente por querer SER como ela, você deixa de querer ser VOCÊ mesma. E mira na imagem da outra como o caminho certo para "ser alguém" na vida. Adivinha quem fica de errada nessa história?

Mas quem tem o direito de apontar o dedo para mulheres que sempre viveram da própria imagem e a têm como algo sagrado? Como o símbolo da perfeição? Como algo que elas precisam fazer para continuarem famosas? Como apontar o dedo para mulheres que pensam como nós já pensamos? Que são como queríamos ser? E quando as mulheres se apontam os dedos?

Famosas ou não, a reprodução da opressão de mulheres contra si mesmas é "normal" numa sociedade patriarcal e machista. E o que mais temos são vítimas que enaltecem a prisão para conquistar o corpo perfeito e ainda monetizam a questão. Ao mesmo tempo que a modelo Kylie Jenner é vítima da sociedade que a oprime enquanto mulher, ela oprime milhões de garotas com seu estilo de vida padronizado e focado numa imagem totalmente modificada por cirurgias plásticas e estéticas, além de manipulação digital, com uso de Photoshop e filtros mil.

❝ Eu tenho um par de calças jeans do Mickey desde que eu tinha 15 anos. É meu teste anual – eu experimento elas uma vez por ano. E se ainda servirem está tudo bem no mundo. ❞
(Halle Berry, em entrevista para a revista *InStyle*, abril de 2007)

É necessário levantar também o ponto da publicidade que as famosas concordam em fazer, muitas vezes gerando mais insatisfação com comerciais de medicamentos para emagrecer, mudanças corporais, discursos fitness impondo alterações em seu corpo. Qualquer publicidade que faça você querer ser diferente do que é gera insatisfação. A publicidade vive disso: resolver um problema ou, até mesmo, criar um para depois sugerir a solução. Fruto de uma estrutura de agentes, agências, marcas, clientes... É toda essa estrutura que precisa mudar.

Segundo 97% dos membros da Academia Americana de Cirurgia Plástica e Reconstrutiva Facial, em um estudo de 2019, as celebridades afetam o desejo dos pacientes por procedimentos estéticos cirúrgicos.[6] Lembra como a boca da Kylie Jenner fez a galera toda colocar preenchimento? E agora todo mundo quer lipo LAD? (Segura aí que a gente já vai falar sobre isso.)

Por isso, quando se pesa a responsabilidade social que o impacto de pessoas com esse alcance têm, precisamos refletir. É necessário pensar e entender que, por mais que hoje o papo da aceitação esteja aos poucos conquistando ATÉ as Kardashian, ninguém dá ponto sem nó. Penso que a ideia é ganhar dinheiro não somente em cima da sua insatisfação como também da sua aceitação. Aí fica perfeito, né? Ganham dos dois lados.

Kim Kardashian lançou uma marca de *shapewear* (lingerie que comprime, é igual a cinta, só que um nome mais bonito), a Skims, e em um ano vendeu cerca de três milhões de unidades de acordo com a *Vogue Business* (e isso a fez virar bilionária, segundo a

Forbes).⁷ Com nove tons e uma grade de tamanhos que começa no XXS e vai até o XXXXXL, ela se destaca por mostrar outros tipos de corpos nas campanhas, colocando mulheres gordas de verdade, pretas retintas, com um discurso de aceitação da imagem corporal bem interessante...

Isso é incrível, mas até que ponto a enaltecemos enquanto mulher empreendedora ou a criticamos por gerar insatisfação em todo mundo? **Queremos, desejamos e esperamos pela mudança, mas será que não estão criando um mundo de aceitação falso só porque é bonito, necessário e pelo medo do cancelamento?**

A reflexão é necessária, mas a real é que não temos que escolher nenhuma das opções, até porque se trata do OUTRO. Esse caminho do meio se chama bom senso. É sobre isso. Torcemos para que a mudança aconteça, mas fica o questionamento válido sobre as verdadeiras intenções.

Inclusive, faltou bom senso para a cantora pop Azealia Banks em 2019. Conhecem a Lizzo? Ela é uma cantora preta, gorda, empoderada e que está fazendo sucesso no mundo inteiro com seu corpo totalmente fora do padrão! Ela ficou semanas no topo das paradas americanas em 2019, com a música "Truth Hurts", uma canção em que diz estar cansada do cara indeciso e quer mais é ser feliz solteira.

Mas a felicidade incomoda, até no mundo das celebridades. Azealia, que também é negra, só que magra, não gostou do sucesso de Lizzo e postou no Instagram em setembro daquele ano: "O fato de o público e a mídia deixarem essa gorda ir tão longe é honestamente o pico do tédio. Essa música não é boa, assim como não é bom o espetáculo de menina gorda que ela faz." Oiii?

Uma menina gorda não pode ter um show, um espetáculo, aparecer e fazer sucesso por conta do seu corpo, do seu peso? Esse comentário só nos mostra como a gordofobia é explícita. O corpo de Lizzo incomoda, a sua silhueta chama a atenção. E talvez pra Azealia chame mais atenção do que a própria música, do que o trabalho, do que as capacidades de Lizzo.

Gordofobia é, entre tantas coisas, o preconceito contra pessoas gordas, o nojo, o asco despertado por uma aparência que foge aos padrões. E Azealia deixa nítido seu comportamento gordofóbico ao achar entediante o trabalho da "garota gorda", enfatizando duas vezes as características físicas, praticando *body shaming* e gordofobia.

Mulheres como Azealia existem aos montes. Eu era uma delas. Nunca imaginaria que teria sucesso sendo gorda. Para mim sempre foi ensinado, vendido e exemplificado na mídia em geral que o meu maior sucesso seria ser magra, e as famosas sempre estavam associadas a esse ideal.

> *Fiquei em paz com o fato de que as coisas que pensei serem fraquezas ou falhas eram apenas eu. Gosto delas.*
> (Sandra Bullock, em entrevista ao *Daily Record*, 15 de janeiro de 2010)[8]

---

3) Cirurgia plástica é o novo "fui ali cortar o cabelo e já volto"

Estamos consumindo cada vez menos imagens reais de beleza, mas jamais precisamos tanto delas. O Brasil é LÍDER MUNDIAL no ranking de cirurgias plásticas, segundo pesquisa da Sociedade Internacional de Cirurgia Plástica Estética (ISAPS), divulgada em dezembro de 2019.[9] Além disso, o número de cirurgias em adolescentes só aumenta.

Liliane Amorim era uma influenciadora que decidiu fazer uma lipoaspiração que virou febre nas redes sociais chamada lipo LAD (Lipo de Alta Definição). O objetivo da cirurgia é deixar o abdômen definido com os famosos gominhos à mostra. Ela era uma menina jovem de 26 anos, magra, que morreu em janeiro de 2021, dias depois, por uma perfuração no intestino. O laudo confirmou que as complicações foram decorrentes de erro médico.

Segundo levantamento publicado no mesmo período pelo (M) Dados, núcleo de Jornalismo de Dados do portal Metrópoles, com base em dados da ISAPS, desde 2010, em média, 217.481 brasileiros fazem lipoaspiração a cada 365 dias. São 596 a cada 24 horas. **A cada 2 minutos e meio, uma pessoa é lipoaspirada no país.**[10]

Se você acompanha o meu conteúdo na internet, sabe que eu falo bastante sobre esse assunto e aqui não vai ser diferente. Por isso, não vou colocar tudo de uma vez para você não ficar desesperada! Tem mais pela frente, assim você vai absorvendo as informações aos poucos. E resumindo aqui: quando digo que o padrão de beleza é comercial, taí a prova. Mudar o corpo inteiro é normal no Brasil. É o Photoshop ao vivo!

▶ **Cirurgia íntima é uma realidade**
Vocês percebem que estamos rejuvenescendo nossas vulvas? Por que fazer isso com nossas pepecas? Quem disse que elas são feias, com aparência de velha? Ninguém reclama do saco do homem, né? Você vê algum homem fazendo cirurgia no saco por vaidade? Para deixar o pinto mais agradável?

Sinceramente, foi um HOMEM quem inventou isso, entende? Um padrão para a xoxota. Nem a nossa intimidade está protegida do controle. Lábios vaginais no tamanho que alguém definiu. A vulva toda desenhada como um fulano que achou que era certo, e, obviamente, livre de pelos, que são... "Nojentos".

E ainda tem o famoso "ponto do marido": quando a mulher dá à luz, o médico costura a vagina para ficar "apertadinha" para o homem. Muitas vezes isso faz com que ela sinta dor nas relações sexuais futuras. Na disputa pelo controle do corpo da mulher, nem a vagina está a salvo.

Quando Sabrina Sato foi rainha de bateria da Vila Isabel em 2017, sua "virilha sarada" virou manchete em todos os lugares.[11] Todo dia pipocava matéria de como ter uma virilha igual à da Sabrina, que tinha até treino para isso, mas como é uma região difícil de mudar com exercícios (no caso, como se exercitam os lábios vaginais?), procedimentos estéticos são sempre recomendados.

A apresentadora, na época, recusou o título: "Ai, gente, me chama disso não", falou. Mas, infelizmente, o assunto saiu do seu controle. Imagina a quantidade de comentários vindo de homens sobre a virilha de Sabrina, e a de mulheres vendo isso e desejando ser igual? Ok, que virilha e vulva são coisas "diferentes", mas é um pacote, e essas cirurgias têm o mesmo intuito: deixar a região toda atraente. É sobre sexo.

Se você não for lésbica, ginecologista ou uma grande pesquisadora, a chance de você ter visto muitas vulvas por aí, fora de um contexto pornográfico, são pequenas. Você acaba se comparando com o que vê na internet, na pornografia compulsória (quando aparece um anúncio sem você pesquisar sobre isso), na pornografia que você quer assistir mesmo... A gente se compara o tempo inteiro. E mais uma insegurança nasce, junto com o procedimento estético para resolvê-la. Não é injusto? Segura aí que ainda tem mais sobre o assunto adiante.

Lembrando que, quando se trata de cirurgia reparadora, para melhora da vida como um todo, conforto nas relações sexuais e autocuidado, não há questão alguma. É o seu corpo, o seu bem-estar, é sobre você.

▶ Bumbum na nuca? Tem bumbum para todo lado
com silicone industrial

Você tem visto a quantidade de procedimentos que são feitos para mexer nas nádegas? Não há dúvidas de que isso é devido ao padrão Kim Kardashian de beleza.

Enquanto isso, a busca por procedimentos estéticos na bunda vem aumentando drasticamente. Em agosto de 2018, saiu uma matéria n'*O Globo* dizendo que ao menos quatro mulheres haviam morrido após cirurgias nas nádegas com o famoso Dr. Bumbum e outros carniceiros. Doutor Bumbum inclusive chegou a ser preso em 2018 e ficou detido até janeiro de 2019. É chocante perceber que tem gente trocando a própria vida pelo traseiro perfeito.

Fora tudo que rolou com a Andressa Urach, né? Quem lembra do sofrimento que ela passou no final de 2014 e início 2015 por conta de uma aplicação de hidrogel e PMMA, também conhecido como Metacril? O hidrogel não foi absorvido pelo corpo e começou a causar lesões na perna. Na sequência, ela descobriu que o PMMA estava grudado no músculo e os tecidos necrosaram. Ela quase morreu.

O hidrogel e o PMMA são dois produtos parecidos, sendo que o hidrogel tem uma proporção de 98% de água e, teoricamente, vai sendo absorvido pelo corpo, o que não aconteceu com ela. Já o PMMA é uma substância definitiva e fica no seu organismo para sempre. Quem tá disposta a dar a vida em nome da beleza?

Mas voltando para Kim, que teoricamente ama seu corpo e é obcecada por sua bunda. Em setembro de 2018, a *Folha de S.Paulo* publicou uma matéria com o seguinte título: "Kim Kardashian diz em programa que não gosta de ter bumbum grande: 'Choro todos os dias'." No reality show, Kourtney comentou que a bunda da irmã parecia enorme quando ela sentava. Kris Jenner, a mãe, repreendeu e Kourtney retrucou: "Mas ela gosta de ter bumbum grande, não estou dizendo nada ofensivo." Foi aí que Kim falou: "Não gosto não! Choro todos os dias por conta disso." ALOUUUU? Para tudo!

Pois é. A própria musa que ajudou a construir esse padrão se tornou vítima do mesmo. Vamos ver se toda essa referência em relação às nádegas vai mudar depois dessa declaração de Kim Kardashian. Em 2019, ela anunciou inclusive que não vai mais postar fotos sensuais "quase pelada", porque não se sente mais confortável, quer viver mais off-line. Quem diria, né?

Ah, isso porque ainda existe o mercado da cirurgia para os homens, que só tem crescido. No site da Sociedade Brasileira de Cirurgia Plástica há um texto de dezembro de 2019 que afirma: "Os homens também estão engrossando essa fila nos consultórios. As maiores intervenções masculinas são rinoplastia (nariz), otoplastia (correção das orelhas de abano), redução das mamas (ginecomastia), implante capilar, lipoaspiração e cirurgia de pálpebra (blefaroplastia)." São os homens vivendo a consequência do padrão de beleza tóxico. Chega a eles também.

Vale ressaltar que nos Estados Unidos, de acordo com a Associação Americana de Cirurgia Plástica, o número de cirurgias em geral caiu 5% entre os anos 2000 e 2018, assim como caiu 33% o número de implantes de silicone entre 2019 e 2020, e caiu 40% o número de lipoaspirações entre 2000 e 2020.[12] Será que daqui a alguns anos o Brasil vai naturalizar os corpos e esse número vai começar a cair também?

▸ Sorteios de cirurgias nas redes sociais
Infelizmente, vemos cada vez mais influenciadoras e famosas divulgando sorteio de cirurgia plástica. De próteses de silicone à bioplastia, tem de tudo. Sou veementemente contra essa prática pipocando na sua timeline sem você ter nenhum tipo de reflexão. Uma criança de 10 anos pode participar do sorteio. Imagina se ganha? "Mãe, ganhei o sorteio de 'cirurgia plástica'." E se ela quiser a cirurgia? E caso se trate de uma parceria com uma clínica ou com um cirurgião específico, ele pode até perder o CRM porque isso é proibido pelo Conselho de Ética de Medicina.

Não tem problema algum você fazer cirurgia plástica, o problema é que ninguém te pergunta se você tá a fim mesmo de fazer e o motivo. O que você acha que vai mudar na sua vida? Já pensou em procurar um bom médico? Qual tipo de anestesia você vai ter que tomar? Sabe se tem alguma condição que te impeça de fazer a cirurgia? Já pensou como vai ser o pós-operatório? Vai ter gente para ajudar? Tem $$$ pra bancar tudo que vem depois? Sabe das possíveis sequelas que a cirurgia pode gerar? Esse tipo de coisa ninguém fala.

Você PRECISA se perguntar tudo isso e saber responder a cada uma dessas perguntas antes de colocar seu corpo desacordado numa maca de cirurgia para que alguém o remodele. Ok? Desculpa cagar regra, mas é a SUA VIDA, CARAMBA!

4) A sua aceitação custa caro para a indústria da imagem
Enquanto a aceitação ainda é um assunto pouco disseminado, a indústria da imagem continua lucrando com a sua insegurança. E quando digo indústria da imagem, falo de todo o mercado do emagrecimento, dietas, produtos para emagrecer, produtos que focam em mudança corporal, clínicas de estética, academias, lojas, marcas... E isso acontece porque o seu processo de aceitação envolve questionar todos esses tópicos e parar de consumir certos produtos, marcas, conteúdos. Convenhamos, um consumidor inseguro é um consumidor lucrativo.

Imagina a crise que a indústria da beleza sofreria se todas as mulheres se perguntassem: para que usar essa cinta ou tomar esse chá? Será que eu preciso mesmo dessa radiofrequência-ultra-master-que-suga-tudo-que-tem-no-meu-corpo? Esse preenchimento labial vai mudar a minha vida? Por que ainda faço essa dieta? Quantas empresas iriam à falência se você se aceitasse agora?

Sem contar que os próprios médicos muitas vezes tratam pessoas fora do padrão — principalmente pessoas gordas — como se qualquer problema de saúde fosse causado pelo peso, sem investigar direito se é mesmo o caso. E essa conclusão veio de uma pesquisa conduzida pelo Dr. Gary D. Foster, um médico ligado aos Weight Watchers (Vigilantes do Peso).[13] Quem diria, né?

Mesmo que ainda faça um procedimento ou outro, questionar tudo isso faz você consumir muito menos, além de te dar muito mais sabedoria e discernimento sobre o que está fazendo com o próprio corpo.

O problema não é a gente fazer uma determinada dieta, usar uma determinada cinta ou fazer uma cirurgia estética. O problema é a falta de opção que as mulheres têm sobre outras formas de existir fora desse padrão de beleza.

É quase impossível você viver sem o aval do sistema, sem buscar fazer parte, ser aceita, ser a mais bela. A imposição acontece tão cedo na vida das mulheres que muitas nem sabem que têm a opção de dizer: NÃO! Para! Chega!

A quarentena é um exemplo recente de como a cultura da magreza fez o seu trabalho muito bem-feito, pois vimos pessoas desesperadas para não engordar no isolamento social.

O lado bom disso tudo? Tem muita mulher dizendo "não" por aí. E por que falo exclusivamente de mulheres? Porque meu público é majoritariamente feminino e esse problema sistêmico atinge muito mais as mulheres? Sim, óbvio. Mas temos dados, meuamô!

Segundo um levantamento do painel de domicílios da Nielsen, empresa global de análise de consumo, um estudo publicado em março de 2019 afirma que as mulheres são responsáveis por 96% das decisões de compra dos lares brasileiros.[14] Beleza, e daí? Bom, se a gente juntar esse dado com a tendência de consumo dos brasileiros para 2020, a conta fecha: segundo estudo divulgado pela consultoria de tendências Trendwatching, com escritório em seis países, o modo de consumir no Brasil está mudando.[15]

"O consumo se tornou mais político ao longo da última década, e isso se reflete na busca por inovações em produtos e serviços que tragam impactos positivos para a sociedade", afirmou Livia Fioretti, analista da consultoria da América Latina em entrevista à *Folha de S.Paulo*.

Entende? Uma pessoa consciente reflete sobre as coisas e pensa duas vezes antes de cair na armadilha do "corpo perfeito". E é lógico que eles não querem que você tenha esse conhecimento, não divulgam pesquisas que enxergam de outra forma corpos gordos e fora do padrão, ignoram avanços sobre aceitação corporal... Mas estou aqui para te ajudar nessa missão :)

A gente precisa desconfiar mesmo, porque ninguém quer sair perdendo, né? Você acha mesmo que vão parar de produzir remédios para emagrecer? Não... É uma indústria muito lucrativa, que transforma a sua insatisfação em bilhões de dólares. Isso só vai acabar quando as pessoas pararem de procurar por esses medicamentos. Assim como todas as outras coisas, nossa cultura precisa mudar para que a indústria sinta a pressão e acompanhe as transformações. É ainda um caminho a ser trilhado, mas o ponto incrivelmente positivo é que já começamos!

Um grande exemplo disso é que em 2021 foi anunciado o fim das Angels da Victoria's Secret, acabando com uma era de 26 anos perpetuando a magreza. O símbolo de "anjo" que essas mulheres recebiam (e foram nomes desde Gisele Bündchen à Kendall Jenner) por mais de duas décadas fez com que o mundo inteiro quisesse ser como elas, ícones do padrão de beleza da época. O fim disso é um marco.

O VS Collective é composto por mulheres que representam um propósito para marca por serem quem são, não somente pela beleza. Inclusive o CEO assumiu estarem indo muito devagar e que "precisam parar de ser o que os homens querem para ser o que as mulheres querem".

Em 2019, devido a pressão popular para ser mais diversa, a marca optou por não fazer o desfile Victoria's Secret Fashion Show. Era uma tradição histórica[16]: todo ano, as modelos ficavam loucas pelo convite para desfilar, afinal de contas todos os olhos do mundo se voltavam para o show, que tinha uma audiência enorme e era veiculado pela televisão no dia do Natal. O show em si era um verdadeiro carnaval midiático nas passarelas, com direito a apresentação de grandes artistas, gritos de uma plateia enlouquecida, um cenário fantasioso e top models com asas de anjo e corpo extremamente magro.

Foram anos e anos de modelos magérrimas, compartilhando seus treinos e dietas (ou a falta de alimentação) para conseguir entrar no *casting*. E depois que saía a lista com as "angels" (anjos), como a marca chamava suas modelos, elas davam entrevistas sobre seu corpo, considerados pela imprensa "os mais perfeitos do mundo". Era uma febre.

Em 2012, a modelo sul-africana Candice Swanepoel cansou de dar entrevistas sobre o mesmo assunto: como ter uma barriga negativa como a dela.

Tantas histórias! Isso porque eles ainda criavam uma competição interna em que apenas UMA das modelos podia usar o Fantasy Bra, um sutiã caríssimo, cravejado de diamantes, e só a mais poderosa (e bonita) tinha essa honra. O sonho de muitas meninas era ser uma angel. Com o passar dos anos, a aceitação corporal ganhou força e o mercado plus size cresceu, fazendo com que a marca de lingerie fosse pressionada a fabricar tamanhos maiores e trabalhar com modelos reais.

Ano após ano, o desfile perdia relevância porque cada vez menos gente queria assistir àquilo. Ficou muito evidente que a marca precisava inserir diversidade, mas preferiu acabar com o espetáculo do que corrigir esse problema. O fim do desfile provou que as coisas estão, sim, mudando. Tanto que agora a marca deu fim às Angels e anunciou um novo coletivo mais diverso e com muitas promessas. Será que a mudança vai afetar outras marcas também? Espero que isso seja o começo de algo grandioso para o mundo. Isso foi um marco!

5) Ainda acham que aceitação é apologia a alguma doença

É importante sempre deixar explícito que aceitação nada tem a ver com conformismo, ou com levar uma vida de alimentação rica em gorduras e guloseimas, ou com ser sedentária... e é isso aí. Amar é cuidar, e cuidar de você envolve cuidar do seu corpo. O que você precisa ressignificar é o conceito de CUIDADO COM O CORPO.

Já ouviu falar em autocuidado? É muito diferente do "se cuidar", do que pensamos ser uma "pessoa cuidada". Imagine uma senhora idosa, com seus 84 anos, que precisa de cuidados em sua rotina. Precisa de auxílio para o banho, para se vestir, para se alimentar, para se exercitar... É como uma criança. É preciso alguém atento, disponível, observando e cuidando de tudo para que a pessoa seja feliz e tenha uma vida digna, com bem-estar e qualidade. **Quando falamos de autocuidado, você é essa pessoa para si mesma.**

Isso me lembra de quando eu estava na terapia, lidando com questões sobre a minha mãe, e a minha terapeuta me questionou: "O que acha de você ser a sua mãe? De você se cuidar como gostaria que ela fizesse? Faça coisas por você, não espere dela, seja sua própria mãe."

É lógico que não dá para assumir o papel da mãe, mas nem era esse o caso quando ela me questionou. Ela queria instigar em mim o autocuidado, um ato em que eu volto minha atenção para mim mesma e cuido de mim. Eu reflito se vou mesmo aplicar botox, afinal de contas será que é o que quero?

Pesquiso os componentes químicos dos produtos, me preocupo com os valores dele... Sabe quando sua mãe vai ao médico com você e é "chata", perguntando caaaada detalhe importante? É sobre isso. Autocuidado é um ato **político**. É você, acrescentando em sua rotina hábitos saudáveis; não saudáveis porque te emagrecem, saudáveis porque fazem você se amar. Porque eles fazem parte dos seus valores, do seu dia a dia.

Cuidar de si mesma parece uma coisa simples, mas culturalmente as mulheres ocidentais sempre se colocaram por último. Quando se cuidavam, era para fins ornamentais, a fim de se enfeitarem para um homem. Hoje se fala muito de autocuidado emocional, de se libertar de relações abusivas, se curar de traumas que passam ou não pela aceitação do próprio corpo. O autocuidado começa com o autoconhecimento. É um assunto denso, profundo e íntimo. Mas neste livro eu quero ajudar você a começar a praticar o autocuidado, pois é assim que você pratica o ato de se amar.

6) As roupas ainda não cabem em todo mundo
A pandemia fez com que muitas empresas falissem e o consumo mudasse totalmente, e o mercado da moda, em especial, foi o mais penalizado, com queda de 22,7% em 2020 — a maior da série histórica da Pesquisa Mensal do Comércio (PMC) do Instituto Brasileiro de Geografia e Estatística (IBGE).

No entanto, de acordo com o relatório setorial da Associação Brasil Plus Size (ABPS), esse segmento do mercado avançou 10% em 2020 em relação a 2019.[17] E teve um aumento total de 21% nos últimos três anos, devendo manter o ritmo de crescimento na casa dos 10%, o que movimenta aproximadamente R$ 5 bilhões ao ano.

Por mais que o mercado plus size só venha crescendo, a verdade é que ainda não encontramos uma grande variedade de peças em tamanhos maiores do que 48 em lojas de shopping e mais acessíveis. Na real, nem uma pequena variedade existe. É BÁSICO TER O QUE VESTIR!

Certa vez, eu estava num evento em que uma mulher magra (bem padrão modelo mesmo), branca, que trabalha com moda, reclamou: "Ai, gente, parece que as marcas hoje em dia só fazem cropped. É cropped de todas as cores, formas e estilos. Não aguento mais essa falta de criatividade das marcas." Beleza, entendo o argumento.

Realmente, parece que ultimamente só estão fazendo cropped. Para magras. A grande verdade é que pessoas fora do padrão, gordas, então, nem se fala, não podem nem reclamar da situação. Sabe por quê? Porque nem roupa fazem para a gente, até parece que vão fazer cropped, né, bb? Hahahaha! É rir para não chorar. Quisera eu poder reclamar, mas não é a realidade.

Perceba uma coisa: quando você entra na loja para tentar comprar uma roupa, quais são os tamanhos que sempre sobram nas araras? Não sei qual a sua experiência com compras, mas em toda a minha vida sempre vi uma variedade de 36, 38, 40... Acima, nada mais existia. E a gente tem quatro pontos pra pensar o motivo:

1 – Tem muita oferta de roupa para pessoas magras
Por isso a reclamação de que "tem cropped demais". Fazem roupa em excesso para pessoas menores, sendo que essa não é a realidade do país. Esses tamanhos sobram, sempre entram em promoção e acabam em brechós. Por isso, o segundo problema está totalmente conectado à vontade de ter uma vida sustentável, só que impossível; nos brechós o sufoco aumenta: só se acham roupas de tamanhos menores, salvo poucas exceções, quando pensam em todos os corpos, admitindo a dificuldade que é encontrar roupas maiores.

2 – Tem mais gente fora do padrão do que magra para comprar roupa
Um problema vem ligado ao outro. A maioria é fora do padrão, então por que a maioria das roupas é para quem está no padrão? Até nisso a gente percebe a lógica do controle do nosso corpo. Se é um mercado que só cresce, por que insistir em diminuir o tamanho das roupas? Será que essas marcas não querem ver pessoas fora do padrão em suas peças?

3 – O mercado produz menos roupas em tamanhos maiores
É óbvio, depois da análise desses dois primeiros pontos. O mercado produz menos, talvez por entender menos também. Já ouvi de uma grande *fast fashion*: "Será mesmo que pessoas gordas vão comprar peças assim? Já testamos há cinco anos e foi um desastre." O que éramos anos atrás? Onde estávamos? Qual voz tínhamos? Hoje o mercado só cresce, será mesmo que a gente

não compraria umas roupinhas bem lindas que coubessem perfeitamente no nosso corpo? AAAAAAH POR FAVOR, INDÚSTRIA DA MODA! Vocês estão perdendo dinheiro com esse preconceito!

4 – Apesar do "padrão", os tamanhos não seguem o padrão (haha irônico)
Enfim, a hipocrisia. A moda exige uma padronização nas roupas, na modelagem, nos tamanhos, centimetragem etc... Mas, mesmo assim, cada marca usa o próprio jeito de padronizar suas peças, o que faz com que quem veste 44 numa marca use 42 em outra, e até mesmo 46 numa terceira. Isso gera ansiedade, disforia de imagem e por aí vai. A pessoa acha que engorda e emagrece, e sempre se baseia naquele número, que não é o mesmo.

Provavelmente, todas essas respostas estão certas. E pior, muitas marcas ainda preferem não ser associadas a tamanhos maiores do que o G e simplesmente abrem mão de aumentar seu público consumidor. Em um país onde ser magro é status, vestir uma roupa de uma marca que não trabalha com gordas é uma forma de ostentação. E você aí, ainda se perguntando por que aceitação é tão difícil.

> Nossa sociedade nos diz que ser gorda não é bonito. Historicamente, ser negra não é bonito.
> – Sonya Renee Taylor, ativista[18]

7) Concursos de beleza ainda existem e enaltecem o mesmo tipo de beleza padrão
O concurso Miss Universo (MU) existe há mais de sessenta anos e conta com mulheres de até cem países, mas até hoje ninguém fora do padrão concorreu e apenas seis de 62 vencedoras eram negras.

Uma das exceções foi o concurso de 2019, que premiou a Miss África do Sul, Zozibini Tunzi, uma mulher negra. Em um mundo racista como o nosso, isso é um MARCO. Seu discurso sobre liderança feminina foi maravilhoso e necessário!

Apesar disso, vale ressaltar que a mera existência desse concurso é um desserviço. Existem estudos afirmando que o concurso propaga um padrão de beleza inatingível, que culmina em distúrbios alimentares, insatisfação com o próprio corpo, depressão e outros problemas.[19] Sem contar que objetifica mulheres e as incentiva a competirem entre si.

O sistema inteiro dos concursos é tóxico, obrigando as modelos a se submeterem a treinos extenuantes, cirurgias plásticas e estéticas, dietas restritivas, entre outras práticas. Mas o MU extrapola os padrões do corpo perfeito. É o enaltecimento do que é SER MULHER, que além de magra e "perfeita", é feminina, conservadora, engraçada na medida, e discreta.

Sabia que nas regras a candidata não pode ter filhos, estar grávida, não ser e nem nunca ter sido casada e ter entre 18 e 28 anos? É uma mulher feminina, nova, virgem, conservadora, imaculada. E o pior de tudo: tem homens E mulheres JULGANDO tudo isso! Com que base? Com que regra? Bonita para quê? Bonita para quem? É opressor DEMAIS. E precisa acabar!

O problema dos concursos de beleza é que reforçam a crença de que o papel da mulher é historicamente doméstico, e de que seu corpo existe para satisfazer o olhar do homem. É uma crença tóxica fundada na valorização da pureza, da vida em prol dos filhos, padrão fortemente influenciado pela religião e reforçado ao longo dos anos por produtos culturais, como contos de fada, com princesas que se sacrificam para arrumar um marido no final.

▶ **Ex-Miss Universo vira plus size por engordar 1 único quilo**
Agora se liga no exemplo de tudo isso que estou falando. Apenas 5 anos depois de ser eleita Miss Universo, título-mor da beleza do

PLANETA TERRA, Paulina Vega foi categorizada como plus size por uma agência de modelos em Nova York por ter engordado duas libras, menos de 1 QUILOOOOO.

"Disseram que não me consideravam mais modelo de passarela e editorial, que eu não estava mais entre as 'magrinhas' e que seria classificada como 'plus size'. Sob quais padrões alguém pode ser considerado plus? E quem decide esses padrões?". Adorei o questionamento da colombiana, que continuou a falar no post:[20] "Eu não me defino com o que muda: a forma do meu corpo ou o meu peso", escreveu. "Hoje eu vivo de acordo com meus padrões de beleza e saúde, e agora me sinto no lugar certo."

Um detalhe bem importante: se jogar o nome da modelo no Google e bisbilhotar as suas imagens ou seu Instagram, acho difícil você não dar um BERRO ao perceber que uma pessoa padrão e magra foi considerada plus size por uma agência de modelos.

Essa é a cultura por trás das competições de beleza. Sou totalmente a favor das causas que as concorrentes defendem, entendo o que representam politicamente também. Mas, se formos ressaltar as capacidades e o impacto social de uma mulher, o que o traje de banho tem a ver com isso? Para que focar tanto na beleza? O que uma cintura fina é capaz de fazer pela paz mundial? O discurso de Zozibini Tunzi poderia ter ocorrido na ONU, e não no Miss Universo.

8) É quase impossível uma pessoa gorda maior ter acesso

Dentro do ativismo específico sobre antigordofobia existem dois termos importantes: gorda menor e gorda maior. Gorda menor é a pessoa gorda que tem mais acesso, passa na catraca (mesmo que com dificuldade), encontra uma roupinha ou outra em alguma loja (mesmo que não seja o que ela queria, mas encontra algo para vestir), tem mais aceitação das pessoas (pois é esteticamente menor), cabe em mais lugares. Eu sou uma gorda menor, por exemplo.

Já a gorda maior é aquela que não cabe em quase nada. É a pessoa que não consegue roupa nem no plus size (tamanho 54 para cima já é uma dificuldade! Imagina quem veste 60+?). Tem menos aceitação social, recebe muito mais ódio, não consegue nem fazer um exame se quiser, porque não cabe nos aparelhos do hospital, sofre ainda mais gordofobia médica.

Por exemplo: como uma pessoa gorda maior pode pensar em viajar de avião? Viagens curtas, ok, dá-se um jeito, às vezes. Mas e em voos de muitas horas? Como é que fica o desconforto? Eu que sou gorda menor não caibo na poltrona direito (e minhas pernas ficam machucadas), imagine uma pessoa maior? É quase impossível ficar confortável em qualquer lugar. Quando que a sociedade vai entender que existem pessoas gordas maiores? Que andam, se locomovem, são saudáveis, querem ir para balada, usar um topinho, ser feliz, sabe?

Quando elas serão tratadas como seres humanos, e não como anomalias médicas, um projeto de bariátrica? E outra: mesmo que queiram emagrecer, sofrem por não encontrar aceitação social, roupa para tanto e por não caber na estrutura da sociedade. É uma pauta que demora a avançar porque interessa a poucos.

9) Pessoas fora do padrão ainda são tratadas como cotas nas campanhas publicitárias

Apesar de vermos cada vez mais pessoas fora do padrão nas campanhas publicitárias, seja na televisão, na internet ou na mídia off-line (outdoors, revistas impressas), a grande verdade é que muitas vezes somos tratadas como cota. Sim, existe cota para pessoa fora do padrão. E eu, como influenciadora e ativista que já fez comerciais para televisão e internet, sei bem do que estou falando. Além de ter amigas que viveram as mesmas histórias.

Um exemplo simples do que acontece quando te chamam para um trabalho grande e você é a única gorda:

▶ Não tem roupa (por mais que insistam no contrário)

O problema todo começa para você ter uma roupa BONITA como a das outras pessoas do casting. Quando participo de algo assim, é muito comum que as produtoras de figurino me liguem para perguntar se eu posso levar determinadas roupas que viram no meu Instagram ou para me pedirem: "Traz tudo na cor azul que você tiver, por favor." Saca? A gorda é a única que mesmo em um espaço de privilégio, como na gravação de uma campanha grande, ainda precisa levar suas roupas.

Poucas foram as vezes que eu não precisei fazer isso. Quando participei da campanha de base para a Avon, em 2018, eles me deram uma infinidade de roupas e produziram uma peça específica com as minhas medidas para o comercial. Já quando fiz para a Natura, em 2019, eu tinha várias peças para experimentar que cabiam em mim. E o melhor: apareci em rede nacional de calcinha e blusinha, bem EU MESMA.

Eu fiquei encantada quando fiz a capa do Ela, do jornal *O Globo*, em 2021. Pude usar uma infinidade de roupas lindas e que cabiam no meu corpo. Rolou dificuldade para entrar numa coisa ou outra? Confesso que Dolce & Gabbana plus size é uma mentira, mas, fora isso, tudo deu! E quem viu as fotos entende do que estou falando: eu me entreguei e fiquei muito gata. Mas de novo: produtores que realmente se importam são exceções.

▶ O ambiente é tóxico

Mesmo que o assunto do comercial seja sobre aceitação, o ambiente da produção, maquiagem, cabelo, fotos etc. comumente é tóxico. Pode ser uma equipe só de mulheres, mas ainda reproduzimos as coisas, né? (Apesar de ser mil vezes melhor, sem dúvida.)

E são nesses ambientes em que ainda me sinto violentada, quando estou nesses rolês, porque sempre recebo dicas de dieta, comentários sobre meu corpo, problemas de roupas não caberem em mim, e a pessoa chega e fala: "mas nem essa aqui gigante?", esticando a roupa, sabe?

Mas fico feliz de ter hoje a força de responder: "Querida, eu não quero o que dá em mim, mas o que fica bonito em mim." Sabe? Não sou modelo. Quando me contratam querem a minha personalidade. Eu tenho licença para falar sobre isso, mas as pessoas se ofendem, sabia? Porque todo mundo reproduz as mesmas violências e segue o fluxo. Quebrar o ciclo é difícil. Mas eu sou bem afrontosa, então se estou em um espaço de privilégio, tenho coragem de falar com amor e carinho que mereço os mesmos direitos e respeito.

Nota importante: a quarentena me fez ficar longe desse tipo de situação, apesar de ter feito alguns trabalhos, e, em todos eles, consegui me sentir muito bem, porque a equipe pensou em mim e realmente se importou com todo o contexto para evitar violências que ninguém percebe.

▸ Retocam sua imagem
Não reconheço nenhum caso em que a minha imagem tenha sido alterada digitalmente, mas tenho amigas que sofreram com isso: casos graves de emagrecimento, embranquecimento e até mesmo "colocar uma peça que não deu em mim digitalmente cabendo", ou seja, mentira.

E se liga: eu estou falando de situações em que pessoas gordas e fora do padrão foram ESCOLHIDAS para fazer alguma campanha. No caso, o buraco é muito mais embaixo: quem seleciona essas pessoas, muitas vezes, ainda é um grupo pequeno de conservadores e que pensam de acordo com o padrão. Gente que nem faz ideia de que está aprisionada, saca? E que, quando vê alguém produzindo conteúdo questionando padrão de beleza e/ou sendo esteticamente

FORA do padrão de beleza, surta. Não entende. Acha polêmico. Há também os que nos consideram uma aberração ambulante, ou até mesmo a própria enciclopédia do assunto.

Eu vivo do meu trabalho na internet porque soube fazer dele uma carreira, mas, se eu for depender de gostarem de mim para sempre, comercialmente, estou ferrada. As pessoas que escolhem os "rostos" vêm e vão, as agências e o mercado mudam rápido. O machismo ainda IMPERA obviamente, então, gente... Demora, viu?

Quando não é porque a marca é naturalmente inserida no assunto de aceitação, como Dove e Natura, por exemplo, algumas contratam pessoas fora do padrão pela pressão que estamos fazendo. E isso é maravilhoso, sim. É um ganho mundial ter a Calvin Klein com uma mana preta retinta e gorda maior em um outdoor em Nova York, entende?

Primeiro, porque a marca está mostrando que tem roupa que cabe numa pessoa gorda maior, segundo, porque ela está no TOPO! Isso é sensacional mesmo. Mas OBVIAMENTE a campanha teve uma repercussão supernegativa entre algumas pessoas, que alegavam que a CK agora fazia campanha de apologia à obesidade. Foram décadas de minas brancas magérrimas. Sério? Afff...

10) Você é a única ao seu redor que está vivendo "essa tal liberdade"

Você muitas vezes é um peixe fora da água, a única pessoa do seu trabalho, do colégio, da faculdade, da sua família que vive essa realidade, e isso te torna um ser estranho para todo mundo. E a partir disso surgem vários problemas. Como me impor para a minha família? Como lidar com um ambiente opressor e hostil? Como sobreviver fora da bolha? Como faço para me aceitar se as roupas não cabem em mim?

Os complexos e traumas que a gente passa no processo de aceitação e de autoconhecimento são quase como uma "saída do armário". Será que meus pais ainda vão me amar se eu me mostrar livre como gorda? Será que eles vão me achar uma sem noção se eu sair de cropped na balada? Óbvio que as proporções entre gordofobia, homofobia e até mesmo racismo são bem diferentes.

A comediante Wanda Sykes, negra e lésbica, tem uma esquete famosa sobre isso, lançada em um especial para a HBO, em 2009. Mas é importante a gente entender que existem interseções, saca? Gordofobia também é um preconceito sistêmico. E também mata.

São muitos os fatores que nos mantêm aprisionadas. Com um pé aqui outro ali, com dificuldade de seguir adiante em certos assuntos, de aceitar partes do corpo, de se achar boa o suficiente, de ser confiante. O mundo é machista e por mais que as coisas mudem, leva mais de uma geração para que as coisas se naturalizem.

A pressão sempre vai existir. Somos nós que precisamos aprender a resistir, mais e mais, para que esses dados mudem e a equidade corporal realmente exista. Bora lá resistir?

11) Rede social = ambiente tóxico PRA CARAMBA!!!

"Existem apenas duas indústrias que chamam seus clientes de usuários: a de drogas e a de software." Citada no filme *O dilema das redes*, da Netflix, a frase do professor da Universidade de Yale, Edward Tufte, diz muito sobre as redes sociais. Elas viciam.

E se você tem a sensação de que as redes sociais te fazem mal, não está sozinha. Uma pesquisa realizada em maio de 2017 pela instituição de saúde pública do Reino Unido, o Royal Society for Public Health, em parceria com o Movimento de Saúde Jovem, constatou que as redes sociais são mais viciantes do que álcool e cigarro. Falando especificamente do Instagram, o estudo aponta que a plataforma impacta negativamente o sono, a autoimagem e cria a sensação de alheamento constante das tendências e do que rola no mundo digital.[21]

Fora tudo isso, a gente precisa lembrar que estar em uma rede social sendo fora do padrão é se expor constantemente, o que nos torna alvo perfeito para os famosos comentários sobre nossa imagem ou apologia à obesidade.

Basicamente, a pessoa gorda posta uma foto, fala sobre se encontrar como ser humano e encontrar o seu amor-próprio, e chega uma enxurrada de comentários gordofóbicos dizendo que a sua simples existência é apologia a alguma doença, e não à liberdade corporal.

Quer saber se alguma coisa é apologia à obesidade? Pegue o conteúdo e o inverta. E a mesma dica serve pra quem quer saber se pode ou não postar certas coisas na internet. Se isso causa insatisfação em alguém, por que postar? A apologia à magreza acontece há séculos e ninguém nunca percebeu. Por favor, não confunda a pauta #CorpoLivre com nada além de apologia à Liberdade com Responsabilidade! É sobre isso.

Hoje, com o país sendo o mais ansioso do mundo e a sociedade "acontecendo" na tela do celular, principalmente depois da pandemia, fica ainda mais difícil não se comparar nas redes, entrar no modo "minha vida é péssima", e passar horas consumindo o lado editado da vida dos outros. Repense a forma que você está usando a tecnologia e as redes. É você que as usa ou elas estão te usando?

12) Musas Fitness ainda existem e... Bem, você sabe, né?
A Instituição Musa Fitness ainda permanece firme e forte nas redes sociais propagando uma imagem teoricamente alcançável com exercícios intensos, "facilmente executáveis", aliados a uma alimentação 200% natural, orgânica e livre de tudo (inclusive bom senso). O estilo de vida culmina em corpos supersarados, felizes e sem gordura. É o que parece. Mas não é.

Dentre os nomes mais conhecidos, a gente não pode deixar de citar a influenciadora Gabriela Pugliesi, que fez festa, aglomerou e postou gritando aos quatro ventos "Foda-se a Vida" no início da pandemia, em 2020. Não precisa cavar muitas histórias para a gente perceber que, se alguém não está nem aí para a vida, falar de saúde e ser porta-voz de um estilo de vida saudável é no mínimo contraditório, né?

Mayra Cardi é ex-BBB e autoproclamada coach de vida. Tem pouco mais de 6 milhões de seguidores no Instagram e parece viver em um universo paralelo. Além de vender, em 2020, um remédio que prometia "mudar o intestino" da pessoa gorda para transformá-lo em um intestino igual ao de uma pessoa magra (hahaha, sério, eu até rio disso hoje porque é absurdo demais até que ponto as pessoas chegam na cara de pau), em 2021 ela foi além.

Em abril, ela postou sobre um jejum que estava fazendo com fins espirituais durante sete dias. Um privilégio no Brasil que passa fome e segue com milhões em situação de insegurança alimentar, principalmente depois da pandemia. Dentre as reflexões que fazia em seus stories durante o processo, ela disse que FOME era um "hábito" que podia ser retirado da rotina, pois percebeu, ao deixar de comer durante sete dias, que comer era desnecessário. No fim do jejum ESPIRITUAL, a influenciadora mostrou em frente ao espelho o resultado de sua prática "para unir corpo e mente": uma barriga tão chapada que você mal consegue puxar a pele e os ossos à mostra. Na sequência dos stories, ela emendou a divulgação de um creme para celulite.

Quantas vezes o público da influenciadora foi alertado sobre a necessidade de um acompanhamento médico para não fazer igual sem um respaldo profissional, para pesquisar e se munir da mesma infraestrutura? Quais as chances de uma adolescente ver esse conteúdo, ficar sem comer uma semana e ter algum problema de saúde? São altas, né? Falta muita responsabilidade na comunicação.

Uma seguidora comentou no vídeo que postei sobre esse assunto. *"Eu comecei a ver os vídeos para entender o que ela estava fazendo.*

Terminei uma noite indo dormir com fome, ouvindo no meu cérebro que eu poderia aguentar 12 horas sem comer se a Mayra estava há três dias. Eu tenho transtorno alimentar há anos, luto contra a imagem do meu corpo há 22 anos. Isso é muito gatilho. No fim eu não via mais a parte espiritual, só martelava na minha cabeça a imagem dela puxando a pele. Passei a adolescência querendo ser anoréxica. Foi uma tremenda irresponsabilidade. Ela trata a fome como uma coisa errada, uma falta de força de vontade. Triste demais."

Para piorar, no fim de todo esse jejum, Mayra me posta uma foto de um hortifrúti inteiro dentro de casa, anunciando que passaria a seguir uma dieta recheada de frutas e legumes, que seu chef estava pronto para preparar todas as receitas. Quem tem acesso a esse tipo de vida, me conta? "É fácil, é só seguir minhas dicas." Mas você tem acesso a médicos, chef particular, parcerias de marcas, tudo isso?

De verdade... isso não é um ataque a Mayra, mas as suas atitudes passaram de todos os limites do bom senso, do respeito e da empatia pelo próximo. **A busca pelo corpo perfeito leva influenciadoras como elas a se comunicarem de uma forma muito perigosa, sem pensar o quanto e a quanta gente isso influencia.**

Por mais que saibamos como esse sistema é opressor para todas as mulheres, não podemos deixar de sinalizar quando o conteúdo é tóxico e desnecessário. Mas muita gente se sente atraída pela busca do "milagre", então é urgente abrirmos os olhos para essa indústria da cura milagrosa. Isso NÃO EXISTE.

Ser mulher é ser controlada para muito além da estética

O Brasil ocupa o 5º lugar na lista de países mais violentos para a mulher, segundo pesquisa de 2015 do Alto Comissariado das Nações Unidas para os Direitos Humanos (ACNUDH).[22] O país só perde para El Salvador, Colômbia, Guatemala e Rússia em número de casos de feminicídio. Em comparação com países desenvolvidos, aqui se mata 48 vezes mais mulheres que no Reino Unido, 24 vezes mais que na Dinamarca e 16 vezes mais que no Japão ou na Escócia.

E é a vida INTEIRA: a mulher ganha 30% menos do que o homem (mulheres negras e mulheres trans, menos ainda); uma mulher é estuprada a cada cinco minutos; mulheres gordas não conseguem dar à luz no SUS porque não existem mesas de cirurgia apropriadas para o seu corpo (quem criou as macas?)... Essa lista não tem fim. Mesmo.

O padrão estético foi criado para fazer com que as mulheres vivam alienadas, alheias a qualquer outro assunto que não seja o próprio corpo. Enquanto as mulheres competem entre si para definir quem está mais dentro do padrão, ficam ocupadas demais para lutar pelos seus direitos. Toda a sua energia vai para sentir culpa por comer e, consequentemente, parar de comer.

Parar de se alimentar, comer cada vez menos carboidrato, fazendo exercícios com fome, resultando em pouca ou nenhuma energia para realizar outras tarefas, para questionar se o relacionamento é abusivo, se o chefe a assediou ou não, se ela mereceu ou não passar por uma situação, para enfrentar a vida. Anorexia, bulimia, disforia de imagem... Os distúrbios nascem aqui.

A soberania do patriarcado difundiu mecanismos automáticos em que as próprias mulheres controlam e vigiam umas às outras, com o aval da mídia. A publicidade, a televisão, a internet, as revistas endossam o corpo perfeito. A mulher busca esse tal corpo, quer a todo custo a silhueta ideal para, de fato, começar a se preocupar com outros detalhes da vida, que não a própria aparência, mas sente que isso nunca vai acontecer. Daí nasce a pressão estética.

Já o padrão comportamental, da feminilidade ideal, é aquele em que a mesma mulher que tem que ser perfeita esteticamente, também precisa adequar seu comportamento. Não sentar de perna aberta, não xingar, não fazer tatuagem, não beber, não sair desacompanhada, não viver sem a aprovação de um homem (mesmo que indiretamente, pois essas restrições são fruto do machismo, ou seja: sempre tem um homem mandando na mulher).

O resultado é feminilidade tóxica e comparação: mulheres controlando o ganho de peso umas das outras (muito magra, muito gorda), julgando o maternar umas das outras (trabalha fora vs mãe em tempo integral), fiscalizando a sexualidade alheia (muito puta, muito santa etc.)... Não tem como ganhar sendo mulher.

A mulher é obrigada a ser maternal, meiga, delicada, frágil, distanciada de características "masculinas", a ver sua capacidade diminuída. Ser mulher é entrar em uma caixinha estreita de características pré-fabricadas, e não adianta querer desconstruir o padrão estético se você não desconstrói os outros padrões de opressão.

Todas as mulheres sofrem, independentemente de formato de corpo, sexualidade, gênero, raça ou classe. Mas, quando a gente recorta, ou seja, quando olhamos para cada um desses pontos, atravessamentos, o buraco cresce, aprofunda, leva a mulher para um lugar de opressão ainda maior. E encontrar a energia para sair fica ainda mais difícil. Parece mesmo impossível sobreviver a tudo isso.

É preciso olhar além. Por isso, quando eu, enquanto ativista corporal, falar de gordofobia, pressão estética, *body shaming*, faça um esforço para entender esse recorte de corpo. Quando falo que todas sofrem é porque dores doem. Mas ter empatia com a amiguinha, a tão citada e pouco vivida sororidade, é essencial para que esses dados sobre todas as mulheres mudem de forma positiva.

É tanto o que temos que lutar, é tanto o que temos para falar, é tanto o que temos para viver. Mas tem dias que não há vontade, não há força, não há carboidrato que me dê energia para enfrentar a sociedade. Haja forças para viver um dia de cada vez. Tem dia que não tem vez.

#XanDica

Sei que foi muita coisa, muita informação, muitos dados. É muito, mesmo. E eu ainda resumi. Se eu fosse listar tudo, acredito que precisaríamos de um livro inteiro dedicado ao assunto. Respira, vai comer alguma coisa, que você já está há um tempo parada, lendo... O segundo capítulo não está facinho também, então fica a dica. Faça uma pausa. Aproveita e comenta com alguém o que acabou de ler, anota num bloco tudo o que você está sentindo, toma um banho! Pega um solzinho gostoso, dá uma alongada... Reflete, digere tudo isso.

E se você optar por seguir adiante: vai com calma, que é muita coisa, beleza? O livro parece pequeno, mas te engana! Então, simbora e vira a página aí, mermã, haha! ♥

CAPÍTULO DOIS

QUEBRANDO PADRÕES SOCIAIS E INDIVIDUAIS

"A verdade te libertará, mas primeiro, ela vai te enfurecer."

– Gloria Steinem[23]

Q uando comecei meu processo de aceitação, a raiva fez parte de tudo. Uma parte fundamental. Porque você descobre tanta coisa sobre a sociedade, sobre como querem que você seja magra, do jeito x, y, z que AHHHHHH! Tudo o que você quer é poder gritar, extravasar e ESCANDALIZAR! Então, grita, grita mesmo! Vai para algum lugar e, se tiver vontade, minha linda, solta sua voz. No travesseiro mesmo, grita. Vai para um lugar com privacidade... Sei lá, apenas se expresse!!!!

Foi demais? Saiba que muitas vezes precisamos desses momentos. Quando chegar a hora, grite mesmo. Buda tem uma frase que eu amo: "Guardar raiva é como segurar um carvão em brasa com a intenção de atirá-lo em alguém; é você que se queima". Guardar sentimentos nunca é bom, mas infelizmente somos educadas dessa maneira, principalmente no que diz respeito à raiva. Somos ensinadas e incentivadas a adotar um comportamento delicado, frágil, recatado... Por isso, quando soltamos nossa raiva, acabamos recebendo o estigma de "histérica".

Quebrar esse estereótipo não é fácil. Mas uma coisa que eu posso garantir é que **a raiva nos move**. Faz a gente quebrar o padrão de vida que seguíamos em busca de coisas totalmente inatingíveis. Faz a gente entender que a culpa não é nossa por nos odiarmos, e a vontade é de culpar todo mundo que propaga o padrão. *Com quem eu tenho que falar para acabar com essa coisa toda?* Haha! Eu pensava isso. *Quem criou o patriarcado, por favor? Quero trocar uma ideia rapidão...* Mas infelizmente não é bem assim.

> Aproveite esse ensinamento do pai do amor e passe raiva mesmo:
> - Por todos os dias da sua vida que você poderia estar curtindo livremente seu corpo e não fez porque se odiava;
> - Por não ter uma relação boa com a comida porque sempre viveu de dieta e sentia culpa por comer;
> - Por não se permitir ter experiências sexuais por vergonha do próprio corpo;
> - Pelas pessoas que você ama e com quem não teve muitos momentos porque se anulavam por conta de seus corpos;
> - Por toda uma vida buscando algo que foi criado em você;
> - Por uma sociedade inteira infectada com o vírus do corpo perfeito que precisa urgentemente de uma solução, mas qual?;
> - Por crianças que aprendem desde pequenas que seus corpos não são bonitos;
> - Por todas as pessoas que viveram e já morreram sem saber que poderiam ser livres com seus corpos;
> - Por crianças e adolescentes que desenvolveram transtornos alimentares muito cedo;
> - Por todas as pessoas que morrem devido a transtornos alimentares, gordofobia médica, depressão, suicídio ou em mesas de cirurgias plásticas;
> - Por toda essa propagação de beleza ideal que, mesmo com todas as mudanças, continua!

Esse é um bom momento para fazer aquilo que sugeri antes e você provavelmente ignorou: **grite!**

A raiva vai te fazer recusar qualquer padrão imposto a partir de agora. Vai te fazer entender o que você quer e para o que não tá neeeeem aí. Vai te ajudar a encarar o começo do processo de aceitação e te acolher. Porque você não está errada de passar raiva. Nem um pouco.

Só te peço pra ter cuidado com uma coisa: não deixe a raiva te pegar. É para soltar. Você pode acabar sentindo raiva de si mesma, por não conseguir se aceitar, por ainda ter questões com o próprio corpo diante de estranhos e até mesmo por ter entrado em um relacionamento abusivo. "Logo eu? Que tô tentando, que tô me desconstruindo?"

Vale a pena assistir ao documentário *She is Beautiful When She is Angry* ["Ela é linda quando está com raiva", em tradução livre], da Netflix. Ele fala exatamente desse estereótipo da mulher raivosa, quebrando essa ideia de que mulheres que lutam por seus direitos são agressivas, histéricas... É perfeito porque tem muitas referências libertadoras, você vai amar.

> Não existe uma mulher viva que não entenda que a raiva das mulheres é abertamente criticada.
> – Soraya Chemaly, escritora e ativista[24]

Essa frase diz tudo, certo? Inclusive, a autora tem um livro (que ainda não foi traduzido para o português) apenas sobre esse assunto, o nome é, em tradução livre, "A raiva se torna ela: o poder da raiva das mulheres". E ela fala justamente sobre como a raiva é um poder da mulher, se liga:

> " Nós minimizamos nossa raiva, chamando de frustração, impaciência, exasperação ou irritação, palavras que não transmitem a demanda social e pública intrínseca que a 'raiva' faz. Aprendemos a nos conter: nossas vozes, cabelos, roupas e, o mais importante, fala. A raiva costuma dizer 'não' em um mundo onde as mulheres são condicionadas a dizer quase tudo, menos 'não'. "

[E é o que falamos aqui: é preciso desviar a raiva que sentimos de nós e usá-la como força para enfrentar o sistema que nos oprime.]

> " A raiva tem uma má reputação, mas, na verdade, é uma das mais esperançosas e avançadas emoções. Ela gera transformação, manifestando nossa paixão e nos mantendo presentes no mundo. É uma resposta racional e emocional à transgressão, violação e desordem moral. Ela faz a ponte entre o que é e o que deveria ser, entre um passado difícil e uma possibilidade aprimorada. "

Passe raiva na cara, sim, mas que essa raiva sirva para que você faça algo POR SI MESMA.

Já tive momentos de raiva pessoal, brigas com a Carol, minha esposa, por exemplo, em que eu decidi, em vez de discutir e criar uma treta enorme, parar, ir para o meu canto e usar essa raiva para trabalhar. Como força para fazer outra coisa, lutar pelas pessoas, sabe? Usar essa energia e colocá-la em outro lugar, de uma forma positiva e que me fizesse seguir. Mas não é negar nem mesmo esconder o sentimento. É acolher e saber lidar com ele a seu favor.

E você acha que eu não passo raiva com comentários de ódio? Quando tem treta que envolve meu nome na internet (geralmente porque não concordam com o discurso de aceitação), sempre passo muita raiva. Óbvio que eu fico brava, querendo matar um! Mas, se faço um vídeo xingando, gritando, esbravejando, escandalizando, nem sempre ajuda o ativismo que venho tentando fazer. *Já* fiz isso e não recomendo. Só gera raiva, atrai o sentimento de volta para você.

Sinceramente? Tem momentos em que essa atitude realmente cabe. Mas, se eu fizesse isso sempre, imagine? Meu discurso chegaria em mais pessoas? O Movimento #CorpoLivre estaria libertando tanta gente? Eu seria realmente ouvida pelas pessoas? Estaria no *Fantástico* falando do Movimento? Entende? Tenha sabedoria para saber quando e como usar a sua raiva.

Fora que tem outra questão: se você já sabe que algum assunto, certas pessoas e determinados lugares são seu gatilho de raiva, talvez seja legal evitar! Evite passar raiva de graça, à toa e sem motivo se você já sabe que a pessoa ou o lugar te trazem essa emoção. Pergunte-se: para quê? Pois é. Evitar é a melhor saída. É para TE proteger. Autocuidado também é isso.

O que eu fiz foi pegar essa minha raiva e transformar em algo bom, em um conteúdo produtivo sem atacar ninguém — nem a quem me atacou —, mas o resultado é extremamente positivo, porque milhares de pessoas aprenderam, descobriram ou deram de cara com uma coisa nova, um assunto diferente. Entende? Use a sua raiva a favor de si mesma, como uma emoção que te move, te faz agir, ir além. E da próxima vez que alguém falar que você é "raivosa", responda: "você não viu nada, meu bem". Hahaha! Cabe um deboche às vezes!

"Mas eu me odeio demais para me aceitar": cuide do seu relacionamento mais duradouro

Se liga então nessa história: você tem uma amiga há muito tempo, uma melhor amiga. E há quanto tempo você é amiga da sua melhor amiga? No meu caso, eu tenho três amigas mais próximas, e com cada uma delas tenho uma amizade de pelo menos quase dez anos.

No começo da amizade, eu e Camila já tivemos vários desentendimentos e ficamos sem comunicação. Nós tivemos que passar por esses momentos para seguir e entender o tempo uma da outra. A gente se odiou por um tempo, depois se deu um tempo, se entendeu e hoje temos uma amizade forte, duradoura e verdadeira. Adoro passar horas conversando sobre a vida com ela, e a gente se entende de uma forma muito gostosa.

Agora num relacionamento amoroso. Eu e Caroline: a gente briga? A gente briga! Que nem com amiga, a gente fica com raiva, a gente se odeia. Que nem com pai e mãe, para quem você fala: "Eu te odeio, eu te odeio." Tanto as minhas brigas com Carol, quanto as conversas e as trocas de ideias fazem nosso relacionamento ser produtivo, fazem a gente andar, e foi essa caminhada que nos fortaleceu até hoje.

Tive um terapeuta que me explicou que as brigas são como mudar os móveis de uma sala bagunçada: se os móveis param de se "bater" e a energia flui, serviu para abrir espaço. E quando essa mesma relação é com o nosso corpo? Qual a relação que você tem com o seu corpo? A gente pensa tanto na relação com o outro, a relação com o namorado, com a namorada, com um amigo, com a amiga, com os pais, com a prima, uma tia, avó, sogra, professora, o chefe, a relação com todo mundo, mas não pensa na nossa relação conosco, a mais longa da nossa vida.

O maior relacionamento abusivo que eu tive foi comigo mesma, porque eu me odiei a vida inteira. E aí parei de me odiar, que é o nome do primeiro livro. Abri um diálogo comigo mesma. Nós temos que conversar com a nossa amiga para ficarmos de boa com ela, precisamos conversar com a nossa namorada, com o nosso namorado, com a pessoa que a gente ama para fazer as pazes. E com nós mesmas? E com o nosso corpo?

Se eu não tenho diálogo, se eu não lido com a questão, se eu não encaro de frente, se eu não olho para mim, quem vai? Eu sempre falo que você precisa se olhar no espelho e conversar com você mesma. "Alexandra, que coisa nada a ver, besteira."

A gente se ignora, não falamos com nós mesmas, não abrimos o diálogo, não investimos na nossa relação, que é a maior relação que vamos ter na vida. Se você não conversa consigo, se não repara em você, se não se olha, se não se toca, se não sabe fechar o olho e descrever quem é você além de algum nome pejorativo, ou de algum apelido, como "gorda nojenta", "inútil", "ai, eu sou tudo de ruim"... tem algo que precisa ser discutido nessa relação, não?

Geralmente, quando nos odiamos gostamos muito de agradar ao outro, porque procuramos a aprovação nele, para que o outro confirme que não somos inúteis como imaginamos. Precisamos desconstruir essa briga, essa romanização dos relacionamentos, inclusive com nós mesmas, porque a grande verdade é que eu me senti muitas vezes uma fraude depois que assinei o livro com esse título — "pare de se odiar" —, e eu me odiei algumas vezes depois, tive episódios em que eu me odiava, de me olhar e falar: "Eu me odeio." Mas entendi uma coisa: isso não quer dizer que eu não ame o meu corpo, isso não quer dizer que tenho algum problema. Eu só briguei comigo mesma e preciso me acertar. Faz parte das relações.

E aí vocês ficam me perguntando: como faço para me amar? A grande verdade é que você tem que fazer uma coisa que ninguém pode fazer por você. Lembra muito aquele ditado, sabe, quando um não quer dois não brigam? Quando um não quer dois não brigam, mas, quando é você que não quer, você não se aceita. Quando você não quer, você não se aceita, quando você não quer, você não se ama.

Manter um relacionamento é muito difícil. A gente vê na televisão essa romanização toda, e não é assim. Ter uma amizade é difícil. Não é essa coisa, tipo, "Ai, melhores amigas para sempre" e fica tudo bem, hahaha, quem dera, né? Manter relacionamentos é uma dádiva mesmo, a gente tem que aprender. Passo a passo!

O relacionamento com a gente é o que mais negligenciamos. A nossa relação com o nosso corpo vai mudando, dia após dia, ano após ano. É um dia de cada vez que vamos aprendendo. Tenha um pouco mais de empatia consigo mesma, seja um pouco mais gentil. Escute o que seu corpo quer. Corra atrás do seu bem-estar, da sua saúde mental, física e espiritual. Não deixe de se cuidar. A gente está falando de autocuidado, e esse autocuidado não é passar maquiagem, não é você ser feminina. Autocuidado é você se tratar bem, é pensar em você com carinho, é olhar para si mesma e se tratar do jeito que você trataria a pessoa que mais ama. É manter essa relação saudável todos os dias. Essa deve ser sua prioridade na vida.

O padrão de beleza NÃO existe?
A sociedade do filtro

"Alexandra, você está há um tempão falando de padrão de beleza e agora ele não existe? Como assim?" Então, haha, não é contraditório, apesar de parecer. Vamos lá. Eu sempre falo de padrão de beleza, sim, mas quando falo digo o quê? Que é algo irreal, inalcançável, INATINGÍVEL. Nem a pessoa mais padrão se sente satisfeita com seu corpo e o enxerga como "padrão". **Essa batalha contra a pressão estética é muito difícil, porque precisamos quebrar uma ILUSÃO.**

As famosas, que são constantemente julgadas e cobradas pela aparência, também reproduzem esse comportamento ao manipular suas fotos digitalmente, ou fazer permuta e enaltecer procedimentos cirúrgicos e estéticos como algo saudável. Mas elas também são vítimas do sistema, não são?

A questão é começar a se perguntar: o que é real? Se hoje conseguimos entrar AO VIVO numa rede social com outro rosto, outra cara? Não sabia disso? Pois é. Tem aplicativo e rede social que permite que você manipule totalmente o seu rosto e faça uma live. Quem diria? Nem no ao vivo podemos confiar.

Existe uma regulamentação no Reino Unido que determina que influenciadoras não podem fazer publicidade de produtos de beleza com filtro devido à qualidade "enganosa" desse recurso.[25] Como acreditar numa blogueira que jura de pé junto que a base realmente tem a cobertura esperada se o rosto está cheio de filtro?

Viramos a sociedade do filtro? Tem uma frase que eu gosto muito e também citei no P.O. "A realidade é uma ilusão compartilhada." Será que a internet é isso? Uma ilusão que compartilhamos e na qual acreditamos piamente? Como seria se as pessoas fossem reais? Tem gente que nem se reconhece mais sem filtro.

Falando em filtro, os consultórios estão cheios de pacientes que exigem do cirurgião plástico um rosto como os dos filtros do Instagram. Em 2018, rolou uma tendência batizada pelo médico britânico Tijion Esho de "Dismorfia do Snapchat", que agora também vale para o nosso Instagram.[26]

Em uma entrevista que dei para a *Trip* chamada "SOCIEDADE DO FILTRO: VALE TUDO PRA SAIR BEM NA SELFIE?", junto com a ativista Leandrinha Du Art, falamos muito sobre como os padrões de beleza ditam essas tendências. As meninas começam a achar que a felicidade depende daquela intervenção, daquela cirurgia, para ficarem mais parecidas com o filtro. Citei uma frase que gosto muito e quero que vocês levem para a vida: "Nem a garota da capa de revista se parece com a garota da capa de revista." Então fica tranquila.

No Verão da Xanda, a Rafa Kalimann falou sobre o processo de aceitação das suas estrias. A Thaynara OG confessou sua dificuldade de andar tranquilamente entre as pessoas usando um biquíni. Por mais que a gente ache que existe um lugar de satisfação que vamos alcançar e, num passe de mágica, parar de nos importarmos com a nossa aparência, esse lugar não existe.

> *" A beleza é a inimiga. É uma batalha que não pode ser vencida. Não há definição de beleza. A única maneira de alcançar a beleza é senti-la por dentro, fora de atributos físicos individuais. "*
> – Miley Cyrus[27]

Como destruir algo que não existe? Como acabar com o padrão sem criar outro? Hoje tem padrão até para ser gorda. Tem padrão para ser lésbica. Padrão para ser negra. Padrão para tudo. Se a gente se importar, não acaba nunca. Haja força para sair dessa prisão. É por isso que você sempre vai ver defeito em si mesma. Enquanto homens enriquecem, temos medo de engordar e gastamos todo nosso dinheiro e tempo com isso. Ninguém vence uma guerra contra o nada. O padrão de beleza não existe. E é por isso que funciona tão bem.

E, agora, só te faço uma pergunta: deixar um monte de mulher presa num ideal inexistente é bom para o bolso de QUEM? Se isso fosse uma prova, eu diria que a resposta está no primeiro capítulo.

A cultura da dieta ferrou a nossa relação com a comida – magreza compulsória, perfeição compulsória

Cultura da dieta é justamente o que faz você ficar obcecada com o seu peso, inventando e tentando todas as formas possíveis de diminuir os números na balança. A cultura da dieta está em cada publicidade, post do Instagram, comercial de TV, inserção na novela, nas paredes das academias, nos outdoors, é aquela sua colega que só fala sobre emagrecer, maneiras de diminuir as medidas, formas para secar.

Cultura da dieta são as revistas com fórmulas milagrosas: é o maracujá silvestre do himalaia, o suco verde detox 241 power, a cápsula para ingerir antes e depois de comer que não deixa você engordar, a lipo do momento, o procedimento estético com placenta... Ai, menina. Só quem viveu sabe!

A obsessão que a sociedade tem com a alimentação e o emagrecimento é responsável pela relação abusiva que temos com a comida. Como é a sua relação com a comida? Você sente culpa quando se alimenta? Evita comer? Come demais?

Qualquer pessoa que tenha feito dieta aprende a separar alimentos considerados "saudáveis" e "proibidos". Alface, à vontade. O doce, às vezes, nem tanto. Desde muito novas, as meninas aprendem que algumas comidas são boas, e outras, ruins. Esse conceito é replicado constantemente pela cultura da dieta, reforçado por nutricionistas, personal trainers, musas fitness, coaches, livros e programas de emagrecimento.

A consequência? Fica praticamente impossível comer um brigadeiro sem pensar em "gordura trans", "açúcares", "carboidratos", "calorias" e milhares de outros conceitos nutricionais que, nesse caso da moralização da comida, só existem para problematizar a relação que temos com a alimentação. Julgar os alimentos como "bons" e "maus" nos faz moralizar a comida, ou seja, é ela que nos controla. E a culpa por comer só deixa você mal consigo mesma.

E moralizar a comida é um problema, porque a gente passa a fazer um autojuízo de valor baseado inteiramente naquilo que comemos. "Você é o que você come?" O seu valor enquanto pessoa em nada está relacionado com o que você comeu, e todos os alimentos têm seu valor, independentemente da tabela nutricional.

Você não é superior a ninguém só porque comeu uma salada, assim como não é um lixo só porque comeu um pedaço de bolo de chocolate. Inclusive, esse conceito todo de "dia do lixo", que equipara alimentos calóricos a sujeira, é extremamente ofensivo em um país tão desigual como o nosso. E que tem uma parcela da população vivendo em insegurança alimentar, ou seja, passando fome.

❝ Quando você julga uma comida gostosa como uma comida ruim, você provavelmente vai relacionar a ela uma questão emocional. Dessa maneira, você se afasta do prazer em comer e deixa de ter uma alimentação realmente saudável. Quando os motivos para comer são genuínos, a comida sempre será uma aliada. O prazer e o equilíbrio em comer são muito mais importantes do que uma lista de alimentos permitidos e proibidos. ❞
Dica da Nutri Marcela Kotait, especialmente para o livro.

Precisamos fazer as pazes com a comida e entender que ela é mais do que apenas combustível para o nosso organismo. Ela pode ser uma forma de afeto. Pode ser o bombom que você ganhou do namorado, o ensopado que a sua avó fazia no domingo; a comida carrega memórias, é uma parte da nossa cultura e pode te remeter à infância, a uma época e local específicos.

Quando eu fui passar o Natal na casa da Caroline, minha então namorada (atualmente esposa), fiquei chocada com a diferença regional. Eu, como carioca, adorei saber que farofa de jiló é um prato supercomum no Cerrado. Provei, gostei. Comer é uma forma de conhecer a cultura de alguém, de aprender coisas novas. Eu me permiti comer algo novo e me surpreendi. Mas não saí do Natal com o bucho cheio, sabe? Não foi aquela sensação de que comi demais.

Não preciso comer demais no Natal, pois não me privo nunca, então qualquer alimentação pode ser especial, prazerosa, gostosa. Lógico que o Natal é mais gostosinho, mas eu não passei fome para viver aquele momento! Antes, vivia de dieta e me empanturrava nas festividades, passava mal, pensando em "aproveitar" que a comilança era liberada para todos, mesmo que os comentários ainda rolassem... Mas não preciso mais de nada disso, de aval para comer, me empanturrar, nem sinto vontade.

E já faz tempo que minha relação com a alimentação vem mudando, que venho entendendo que comer se trata de afeto, intuição e prazer, sim. E isso não tem nada a ver com orgia alimentar, mas com uma relação saudável com a comida e o seu corpo.

Sair da cultura da dieta é, volto a repetir, trabalhar o autocuidado como um todo. O amor-próprio. Voltar a ter uma relação saudável com a alimentação, exercícios físicos, com O SEU CORPO. É ir contra todo o mercado que quer te vender mais e mais produtos para emagrecer, e entender que você já tem tudo que precisa dentro de si, que o foco é a saúde, a maneira como você se sente, não o resultado.

Sabe a célebre frase de Maquiavel: "Os fins justificam os meios"? Quando se fala de um pensamento Corpo Livre, batemos de frente com a cultura da dieta; o movimento é um viver antimaquiavélico, em que os meios justificam os fins, entende? Dessa maneira, a sua vida saudável, a sua alimentação, sua rotina de exercícios, seus hábitos de autocuidado justificam a mudança corporal. Por isso, sim, é possível querer emagrecer e ainda assim se aceitar. Mas se o FOCO for o emagrecimento, você vai cair na mesma armadilha da indústria da dieta, que te faz focar no resultado, não no caminho, tornando a trilha ainda mais pesada e difícil. E deixando claro que NUNCA FOI PELA SAÚDE.

Mudando a forma de pensar, o caminho é leve e você entende que é um estilo de vida, é para a vida toda, e não apenas um atalho cujo objetivo único é emagrecer, entende? ISSO É SAÚDE (vai ter livro sobre isso logo menos porque esse assunto especificamente é gigantesco!).

Por que dietas dão errado? Explicando

Nesse meu reaprendizado alimentar, e também nas consultas que tenho com a nutri Marcela, percebi que, quanto mais se controla o que se come, menos prazer se tem. Além do mais, a principal característica de toda dieta restritiva é que, a longo prazo, nenhuma funciona. Existem milhares de estudos que provam que, quanto mais você se privar de alimentos, maior será seu descontrole e compulsão lá na frente.

As dietas não falham porque faltou foco, força e fé. Elas falham porque excluir uma categoria de alimentos faz seu organismo acreditar que está passando fome, fazendo com que a vontade aumente, o controle diminua e quando dá por si, você está na terceira barra de chocolate e nem percebeu. E é exatamente isso que a cultura da dieta quer: uma consumidora cheia de culpa, pronta para gastar mais dinheiro no novo shake milagroso.

Se liga na explicação que a Marcela Kotait deu pra gente:

> **Por que as dietas falham? Dica da nutri**
>
> O hábito de fazer dieta é socialmente aceito e perpetuado. Toda mulher já passou por diversas dietas, tenham sido elas prescritas por um profissional ou não. No entanto, essa prática tem sido cada vez mais criticada por nutricionistas.

As dietas causam várias consequências que vão muito além da simples perda de peso. Elas aumentam um pensamento obsessivo sobre a comida. Dicotomizamos alimentos, separamos os alimentos entre comidas que "fazem bem" ou "fazem mal". Não existe um alimento que engorda ou emagrece. Nenhuma alimentação é milagrosa como as dietas prometem.

O hábito de fazer dieta nos afasta das sensações corporais básicas de fome e saciedade, por exemplo. Na dieta, as restrições são feitas de forma aleatória, e não individualizada. Dificilmente uma dieta personalizada da internet, em grupos de emagrecimento ou desafios de WhatsApp vai ser realmente adequada para você.

Para modificar sua alimentação de forma segura e eficaz (ressaltando aqui que a eficácia não é necessariamente pautada no emagrecimento), é necessário que haja o acompanhamento de um profissional especializado.

Ele vai analisar o funcionamento do seu corpo, seus gostos e rotina, para que você consiga manter essa alimentação de uma forma natural. Restrições alimentares não funcionam a longo prazo. A Organização Mundial da Saúde percebeu que 95% das pessoas que perdem peso fazendo dieta restritiva vão recuperar todo o peso perdido ou ganhar ainda mais peso.

O ciclo da dieta é simples. Ele se inicia com uma insatisfação corporal. Procuramos modificar nosso corpo de alguma forma para que ele seja mais socialmente aceito. O caminho mais óbvio é através de uma dieta restritiva. No entanto, assim que abandonamos essa restrição, é natural que o peso seja recuperado pelo corpo. Então o ciclo se reinicia e procuramos novamente uma dieta restritiva.

As dietas falham, elas não são sustentáveis, elas não funcionam. Entenda os motivadores para você comer. Nós temos motivadores físicos, como a fome, e motivadores emocionais, sociais, por disponibilidade e afetivos. Entender por que você come é mais importante e potente do que simplesmente restringir sua alimentação. Escute e entenda seu corpo, ele é seu maior guia. O autoconhecimento é muito mais benéfico do que uma dieta.

Como foi passar 6 anos sem dieta – e contando

"Alexandra, você emagreceu, como pode? Eu te acompanho há muito tempo e você emagreceu."

Se você me acompanha há muito tempo mesmo, assistiu a um vídeo postado no dia 21 de novembro de 2018, no meu canal no YouTube. Nesse vídeo eu já falo tudo, confesso que emagreci e, hoje, estou com o mesmo peso daquele vídeo, entre 99kg e 103kg. Desde 2018, o meu peso não se alterou, entende?

Eu comecei meu processo de aceitação em dezembro de 2015, com o canal no YouTube, e, quando postei aquela foto de antes e depois, muita gente ficou chocada com a imagem. Eu postei aquela foto para chocar mesmo, para vocês assistirem a esse vídeo e entenderem que dá para ter uma vida saudável, e até emagrecer, sem fazer dieta.

Comecei a fazer dieta com 9 anos e, quando eu era adolescente, não existia acesso à internet como hoje, então eu pesquisei uma forma de emagrecer, e acabei entrando em sites de anorexia e bulimia. Eu acabava ficando sem comer por causa disso o dia todo, aí depois eu tinha crises de compulsão e não sabia que isso era um ciclo vicioso.

Comecei a desenvolver tendências suicidas, não gostava de mim, para mim a vida só ia começar de fato quando eu fosse magra. Então busquei a magreza de todas as formas — remédios, dietas malucas. Tem a história da lipo, que nem era pra emagrecer, era pra mudar meu corpo de vez. Durante todo esse tempo, eu fazia dieta e engordava mais. E eu nunca chegava lá, nunca estava satisfeita, nunca era saudável.

Quando fiz a reeducação alimentar foi ótimo, mas, mesmo assim, eu não estava pensando na minha saúde, no meu bem-estar, na minha qualidade de vida. Eu queria ser magra, focava no resultado estético. Quando eu comecei meu processo de aceitação, decidi parar de fazer dieta. Foi muito difícil no começo, porque a gente fica viciada em fazer dieta. Eu comecei a me permitir comer coisas que nunca me permitia. Comecei a me permitir comer, né?

E engordei. Cheguei a quase 120kg. Pode ter sido mais, fiquei muito tempo sem me pesar. Parece que engordei tudo que eu tinha que engordar e falei: nossa, será que o meu corpo é para ser desse tamanho? Comecei a me sentir insatisfeita com meu corpo e pensei: vou continuar com a minha vida. Vou focar em realmente viver a pauta que prego, focar na alimentação intuitiva. Eu nunca mais fiz dieta.

Comecei a me exercitar, a pensar na minha alimentação e continuei com o mesmo peso, só que sentindo o bem-estar, em dia com minha saúde mental. Pensando em saúde como um todo. Não tinha nenhum foco em estética.

Em 2018, atingi o meu maior peso. Só que nesse mesmo ano eu tive um filho: o *Pare de se odiar*. Isso foi depois de três anos dentro do processo de aceitação. A minha ansiedade era tão grande — o livro foi feito em tempo recorde — que eu emagreci 15 kg no processo e fui mudando de tamanho.

E aí eu comecei a me sentir uma fraude, eu já era uma pessoa conhecida, estava lançando o meu livro, e estava bem mais magra. Muita gente me elogiando (oi?) e muita gente falando para mim que eu estava "traindo o movimento".

Como se para poder falar sobre gordofobia eu tivesse que ser mais gorda do que sou, porque eu continuo sendo gorda. Se você calcular o meu IMC atual, para a sociedade, para a medicina, para o CID, para a OMS, eu continuo sendo obesa, continuo sendo vista como uma pessoa doente, só que menor, sou uma gorda menor, com mais privilégios.

Eu caibo em mais lugares, tenho mais acessos, consigo comprar roupinha em outras lojas... Sou privilegiada e tenho noção disso, mas continuo sendo gorda. E esses quase seis anos sem dieta foram sensacionais, porque eu percebi que não preciso me controlar para ser saudável, percebi que não sou uma pessoa compulsiva. Não sou o "monstro" e o "demônio" que falaram que eu era porque "comia demais".

Inclusive, em pandemia, eu emagreci, porque, além de tudo, eu me descobri intolerante a laticínios e derivados. Eu me vi fazendo "dieta" de novo, porque eu tive que voltar a olhar os rótulos dos alimentos para saber se tinha ou não leite. E não foi por vontade própria, então tornou a situação "obrigatória", viveiro de gatilhos prontinhos para mexer com a minha cabeça. Mas é algo que eu venho trabalhando na terapia, com a nutricionista Marcela, e hoje consigo lidar muito bem com esses gatilhos e desenvolver uma alimentação intuitiva e consciente.

Um detalhe bem interessante dessa vida sem dieta: acabou o efeito sanfona! Não tem mais aquele "emagrece, engorda", trocando sempre de roupas, de armário, vivendo sem um estilo próprio e com as marcas dessas mudanças. Simplesmente venho emagrecendo aos poucos ao longo dos anos, e mantendo o peso, algo que na época da dieta era completamente impossível. **Nunca tive tanto equilíbrio desde que parei de tentar me controlar.**

Por isso, apesar da dificuldade, está sendo muito interessante esse processo de não poder consumir laticínios. Eu vivencio uma restrição hoje por não poder consumir certos tipos de alimentos, porque me fazem mal. E isso me desinchou. Sinto no corpo quando algo me faz mal e paro de consumir. Depois de muitos meses sem consumir nada de leite ou derivados, já consigo comer certos alimentos numa boa, sem passar mal. Tive uma crise alérgica, sou intolerante, mas é possível comer certas coisas, porque entendi como meu corpo reage aos alimentos. Parar de fazer dieta e de seguir o que te mandam é autoconhecimento puro. Eu nunca estive tão consciente do meu corpo, do que faz bem a ele, do que ele quer de verdade. E só tive essa liberdade ao parar de fazer dieta. Eu deixei de comer alimentos crus e frescos porque eram restritos aos momentos de dieta. Fui afastada deles por essa cultura que quer nos manter insatisfeitas. Agora, eu gosto de pepino porque é gostoso. Sabe? Quantos alimentos foram embora do seu cardápio porque te lembram momentos de restrição alimentar e você desenvolveu ÓDIO por eles?

Se você segue uma dieta porque tem restrições de saúde, ou até mesmo religiosas, beleza. (Eu inclusive tenho as duas.) Mas quando você se permite olhar para os alimentos de uma forma menos restritiva, o seu corpo entende o que você pode e, quando você entende o que pode, escolhe comer o que quiser (e puder), a quantidade que quiser, na hora que quiser. E se achar que, ao parar de fazer dieta, você continuou num ciclo de compulsão, comendo demais, procure a ajuda de uma nutricionista comportamental.

Existem comprovações de que dietas foram feitas para dar errado, para você se manter num ciclo de insatisfação. E é um ciclo sem fim, onde você passa fome, depois tem compulsão, então passa fome, depois tem compulsão... não acaba! Viver livre de dietas hoje é um presente que eu me dei. Nunca fui tão saudável e nunca fui tão feliz. Eu não estou fazendo apologia à gordura ou a engordar, eu estou fazendo apologia à liberdade de conhecer sua própria fome, sua alimentação, seu corpo. Tudo o que a cultura da dieta faz é te afastar de todos esses fatores singulares.

A nutricionista Sophie Deram resumiu assim:

> *❞* As dietas restritivas são tão agressivas para o corpo que podem gerar efeitos secundários por muitos anos, mesmo depois que a pessoa abandona este tipo de método. *❞* [28]

Categorizar alimentos e fazer juízo dos mesmos inteiramente com base nos componentes é cruel e está entre os sintomas dos transtornos alimentares. Um comportamento comum de pessoas que apresentam distúrbios é a vergonha de comer na frente dos outros por vários motivos: para não serem julgadas em relação à comida, à quantidade, a forma como comem... É gente de todo tipo: pessoas que usam aparelho e ficam sem graça com a comida presa ali, pessoas com dentes sensíveis e pessoas fora do padrão, que não concebem a ideia de outra pessoa as verem comendo — ou por se imaginarem horríveis fazendo isso ou para não serem obrigadas a comer, deixando evidente um transtorno. Com você é assim?

E muitas mulheres, dentro ou fora do padrão, evitam comer na frente dos outros, ou comem muito menos do que gostariam, para não se sentirem observadas e julgadas quanto ao que estão ingerindo. Fomos ensinadas que ser magra é ser bonita, então como se come em paz se o ato de comer já nos coloca em um lugar de "engorda"? Sob uma constante vigilância estética e comportamental atrelada à alimentação? Não é à toa que a máxima da anorexia é a frase "mulheres bonitas não comem".

> *Comida nunca é só sobre nutrição.*
> (Sam Abel e Crystal Kotow, em *Comendo enquanto gorda*)[29]

O medo de comer na frente dos outros pode ser também resultado de uma fobia social ou, como também é conhecido, um transtorno de ansiedade social, que engloba não só o comer como também outras atividades que envolvam convívio social. O simples ato de se alimentar vira uma dificuldade imensa. Veja uma lista de transtornos alimentares a seguir, para você ter mais informações:

Anorexia: Distúrbio alimentar que leva a pessoa a ter uma visão distorcida de seu corpo, que se torna uma obsessão pelo próprio peso e por aquilo que se come.

Bulimia: Transtorno alimentar grave marcado por compulsão, em que a pessoa se alimenta sem controle, de forma exagerada, em seguida sente muita culpa e busca métodos para evitar o ganho de peso, como o vômito, a ingestão de laxantes, diuréticos, além de praticar exercícios como forma de "expurgar" o que foi ingerido.

Vigorexia: ou transtorno dismórfico muscular, ocorre quando há uma doença psicológica caracterizada por uma insatisfação constante com o corpo, levando a pessoa à prática exaustiva de exercícios físicos. Nesse caso, a pessoa se enxerga mole e fraca, desejando um corpo musculoso, o que também afeta a alimentação.

Ortorexia: Transtorno caracterizado por uma fixação por alimentação saudável, gerando profunda ansiedade. Para conseguir manter uma dieta que considera correta, o ortoréxico inicia uma busca obsessiva por regras alimentares. Qualquer item considerado "impuro" (como aqueles que contêm corantes, conservantes, pesticidas, gorduras trans, excesso de sal ou açúcar e outros componentes) é excluído da alimentação.

Drunkorexia: É um coloquialismo muito usado quando a anorexia ou a bulimia vêm acompanhadas do abuso do álcool. Por exemplo, quando alguém deixa de comer para poder beber ou utiliza a bebida para ocultar a fome. Também conhecido como anorexia alcoólica.

Compulsão Alimentar: é uma doença em que a pessoa sente a necessidade de comer, mesmo quando não está com fome, e usa o alimento como forma de se anestesiar, mesmo já estando satisfeita. Pessoas com compulsão alimentar comem grandes quantidades de alimentos em pouco tempo, e geralmente sentem uma enorme culpa atrelada a esses episódios.

Se você apresenta algum comportamento que se pareça com esses distúrbios citados, procure ajuda profissional para lidar com eles. Procure um psicólogo especialista, nutricionista comportamental, profissionais de saúde que entendam sobre transtornos alimentares. É uma especialidade crescente na área médica. Procure ajuda, porque os transtornos alimentares são graves se não forem tratados, e qualquer comportamento obsessivo pode levar à morte.

Mas olha só: se isso acontece com você, não se sinta uma anomalia. Você é vítima da sociedade que nos adoece em busca da perfeição. Eu também vivi tudo isso e ainda vivo com as sequelas desse comportamento no meu dia a dia. A sociedade é obcecada pela magreza. Eu espero que este livro te encoraje a buscar ajuda para o que estiver passando, pois só você pode. E tem tratamento! Tem saída disso tudo, meuamô! Então lembre-se de sempre procurar ajuda psicológica quando casos como esses forem identificados por você, combinado?

O "milagre do corpo perfeito" e os memes gordofóbicos da quarentena

Eu amava um programa que se chamava *Extreme Makeover*. Era sensacional, eu achava, né? A pessoa entrava no programa com todas as suas questões de autoestima, autoimagem etc., e saía de lá com tudo novo: rosto, corpo, dentes, vida! Meu sonho era participar daquele programa, mudar do dia para a noite. Ai ai... A gente passa a vida toda esperando o milagre chegar, né? E ele nunca chega, mas ansiamos por isso.

Comprei tanto essa ideia de corpo perfeito que, quando tinha 23 anos, fiz uma lipoescultura e coloquei silicone. Eu não, né, o médico. Haha. Foi um presente da minha família. Sempre me lembro dessa história em meus conteúdos, mas agora vou olhar por esse ângulo da mudança corporal "milagrosa". Eu apaguei na cirurgia e, quando acordei, já tinha outro corpo. Acreditei de verdade que todos os meus problemas acabariam a partir dali... Só que não.

Mal sabia eu que estavam apenas começando e trariam sequelas que perduram até hoje! Mas, mesmo assim, comprei, comprei mesmo a ideia de que "agora tudo vai ser diferente". E foi mesmo, mas não do jeito que eu romantizei. Longe disso, até porque eu não fazia ideia dos riscos, só queria o resultado imediato. E lido com as consequências disso.

É o mesmo pensamento das pessoas que criaram memes gordofóbicos na quarentena da Covid-19. Desde o primeiro dia de isolamento, surgiu uma infinidade de montagens de "antes e depois", com o antes mostrando a pessoa magra, e o depois (3 meses adiante, como se a quarentena fosse acabar rápido no país) exibindo a mesma pessoa extremamente gorda. Era foto do Thor magro e gordo (como no filme de 2019), era montagem criada no Photoshop, era declaração de famosa dizendo que acabaria a quarentena "alcoólatra, viciada ou gorda"...

Por que os memes eram gordofóbicos e por que isso é errado? Já viram a definição de "gordice" no dicionário informal? Repare como é estereotipado o "comportamento da pessoa gorda" ou o "ato do gordo". O próprio dicionário aponta como pejorativo.

Como se toda pessoa gorda:

- pensasse CONSTANTEMENTE em comida;

- fosse ansiosa, gulosa, ou "ruim", gerando incômodo nos outros por "comer demais";

- fosse gorda só porque come muitas coisas consideradas gostosas. E que só gente gorda tem esse direito, porque "come para ser gorda";

- existisse um distúrbio no cérebro da pessoa gorda que a fizesse "pensar como gorda".

Pessoas gordas são colocadas na mesma caixa, como se fossem seres anormais que só pensam em comer. Enquanto a sociedade faz com que as pessoas gordas só pensem em dieta e emagrecer!!!!! É uma palavra que reforça a segregação de um grupo por conta do formato do corpo, passando a ideia de que o certo é ser magro.

Como se todo mundo TIVESSE O DEVER de ser magro. O que seria um "pensamento magro" ou "ato do magro"? O mesmo inconsciente coletivo que normaliza e reproduz a palavra "gordice" vê o "inverso" como o quê? SAUDÁVEL. Então comer batata frita é coisa de gordo e batata-doce coisa de magro?

Além da demonização da comida, sua transformação em inimiga, tudo se resume a patologizar o corpo gordo como doente. "Ah, mas é mesmo"... Pouco a pouco abrimos os olhos sobre como o padrão de beleza comercial (cultura da magreza) cria a ideia de que o certo é ser magro e que você deve tentar a magreza a todo custo.

Não importa se você vai emagrecer com remédios, dietas restritivas, fome, comportamentos autodestrutivos, distúrbios alimentares, exercícios até não aguentar mais...

Cadê a saúde nisso? Mas você acha NORMAL, porque assim foi ensinado. O formato do corpo magro é tido como saudável e o único exame que a pessoa magra precisa fazer para ter esse atestado é entrar na calça 38. Porque até a pessoa gorda que TENTA a todo custo emagrecer tem que combater a gordofobia em todos os processos para este fim: o médico, o transporte público, a catraca da academia, a falta de roupa, os olhares, os julgamentos, a vergonha, a autoestima abalada, tudo.

Nem quando a pessoa gorda tenta se encaixar ela tem paz. É demais se ver como doente e anormal e ter que mudar tudo que você é para ser aceita, né? Pois é. Não estou falando que o certo é ser gordo. Não faço apologia à obesidade, mas uma reflexão para que você entenda como existe uma pressão que vai além do "ser bonita". São estereótipos e ideais concebidos como CERTOS, que marginalizam a pessoa que não se encaixa, que não recebe o mesmo tratamento, direito e respeito. E mesmo que emagreça: sempre será ex-gorda e motivo de piadas, fofocas e risos.

E todo debate se resume à comida. Ao ato de comer. Como se comer demais fosse coisa de gordo... Mas é assim que nos ensinaram, né? A discussão precisa ser sobre o comer transtornado, o comer compulsivo, que acontece com qualquer pessoa que tenha compulsão por comida. É apenas isso. E isso se trata com terapia e nutrição comportamental. Não com dieta, que acaba gerando o quê? Mais compulsão. É um ciclo. Milagres não existem.

Gordofobia até para vacinar?

Em maio de 2021, a vacinação contra a Covid se estendeu para pessoas com comorbidades. Entre os novos critérios, entraram as pessoas com IMC (Índice de Massa Corpórea) acima de 40. Só que teve muita gente nesse grupo que tinha esse direito, mas não se vacinou por vergonha. O preconceito chega a tal ponto que tira o direito da pessoa gorda de cuidar da própria saúde, entende? Vimos diversos relatos de pessoas que ficaram constrangidas, foi exigido a pesagem pra saber o IMC na hora, outras que o próprio médico se recusou a dar o atestado para a comorbidade. Imagina precisar ser internado por causa da gravidade dos sintomas, e não ter leito acessível? Precisar ficar na UTI por causa da infecção do vírus, desconfortável ou até mesmo não cabendo na estrutura que deveria salvar nossa vida?

A gente tem visto um movimento maravilhoso de profissionais da saúde que entendem que o IMC desconsidera todos os outros fatores da vida e do corpo de uma pessoa. Esses profissionais buscam considerar mais do que altura e peso como únicos indicadores de como está a saúde de alguém, seguindo as recomendações da organização Health at Every Size, que significa "saúde em todos os tamanhos".

Mas ainda existe muita gente que cuida da nossa saúde e que tem um preconceito enorme. Há médicos que sentem vergonha de ter amigos gordos, e outros que se sentem desconfortáveis de atender pacientes gordos, gente! (Dados de um estudo canadense.)[30]

A gordofobia médica é um assunto muito mais complicado, mas muitos médicos estão nesse sistema que discrimina o corpo gordo, às vezes sem nem perceber. Imagina precisar deles durante a pandemia e ser mal atendido? E não ter o acompanhamento necessário para SALVAR SUA VIDA por causa desse preconceito?

Muitos médicos ainda usam a técnica do IMC — usada pela OMS para classificar quem poderia se vacinar e para medir populações — a fim de classificar uma pessoa pelo peso. Essa técnica foi inventada em 1830 por um matemático belga, e a última vez que atualizaram esse sistema foi nos anos 1990, quando a OMS mudou os parâmetros para sobrepeso baseados no IMC. Se você acha que um sistema que teve o último update nos anos 1990 não está obsoleto, te desafio a usar o WINDOWS 98 por uma semana, ou aquele celular Nokia que era um tijolo com antena.

O IMC desconsidera completamente qualquer outro fator além da altura e do peso de uma pessoa, e estudos nos Estados Unidos[31] mostram que existe um número altíssimo de gente com IMC "normal" por aí com anormalidades cardiometabólicas (termo médico para quem não está saudável), e um número igualmente alto de pessoas com IMC alto que não tem NENHUMA dessas anormalidades cardiometabólicas. O IMC é um sistema obsoleto e que já foi comprovadamente considerado incompleto. Esse assunto vai crescer nos próximos livros, estamos caminhando! E as pessoas com IMC acima de 40? Vacinadas ♥

Medo de engordar: outro comportamento encontrado nos posts da pandemia

Medo de uma coisa que, para quem não é naturalmente gordo, não é seu biotipo. Medo? Eu entendo esse medo, e entendo que ele foi incutido, foi criado para que sejamos controlados, porque o medo tem a ver com controle, e controle tem a ver com insegurança. Temos medo de engordar porque engordar é sinônimo de fracasso, é sinônimo de feiura. Por quê?

A narrativa do emagrecimento envolve uma superação, envolve uma conquista, um ganho. A pessoa superou, ela terminou o casamento, mas foi lá e se "vingou" ao ficar com o corpo perfeito. Ela está solteira, mas precisa estar perfeita, porque senão ninguém vai desejá-la.

Será que a gente teria tanto medo de engordar se não houvesse pessoas julgando o tempo todo, apontando, ridicularizando nosso corpo, tornando nosso corpo uma vergonha alheia, fazendo discurso de ódio disfarçado de piada, questionando a nossa saúde, questionando tudo, tudo a nosso respeito???? Porque parece que, se uma pessoa é gorda, fora do padrão, e mesmo assim se mostra livre e feliz, ela PRECISA ser estudada, como se fosse raridade.

Mesmo que eu faça uma dieta de apenas 800 calorias e emagreça 40kg, será que meu corpo é esse corpo que emagreceu se privando de nutrientes? Saúde não é a imagem de um corpo magro e sarado. É isso que foi incutido na gente.

"Então se eu não tenho que ter medo de engordar, eu tenho que engordar? Sou obrigada a engordar?" Não! Mas questione esse seu medo. "Ah, eu tenho medo de perder minhas roupas, eu tenho medo porque eu vou ficar diferente." Tá! Tudo isso é justo, é justo, é normal se sentir assim.

Mas pergunte de onde vem esse medo. Será que foi uma coisa que impuseram a você? E, novamente, isso não é uma apologia à obesidade, é um questionamento! Questione de onde vem seu medo. Vamos questionar, abrir a mente, mudar o nosso olhar sobre outros tipos de corpo, começar a questionar o que é saúde ou não. O que você vê de saudável nas pessoas que são sinônimo de saúde hoje em dia?

Quando citei antes o caso da Pugliesi e de seu "foda-se à vida" na pandemia, questionei justamente isso. Não era para cancelar a menina, era para questionar a saúde. A gente não tem o hábito de questionar, não procura ver o outro lado. A gente só continua seguindo os mesmos padrões, repetindo e reproduzindo as mesmas pressões. E sofrendo as mesmas consequências.

É só uma reflexão sobre esse medo, do que você tem medo? Pode ser que você se sinta assim por apresentar um distúrbio alimentar, como falamos aqui. E aí eu reforço o pedido para que você busque ajuda. A gente tem muitas doenças por causa do padrão de beleza e por essa busca incessante do corpo perfeito; pelo medo de engordar, ficamos com sequelas para o resto da vida.

É assim que a indústria lucra, com você girando nesse círculo vicioso. E eles vão criando o quê? Mais insatisfação, para você sempre estar insatisfeita, para você sempre odiar o seu corpo. Você nunca vai conseguir o corpo que deseja, e é isso que a gente quer quebrar na cabecinha de cada uma que está lendo esse livro.

É isso que a gente, enquanto Movimento Corpo Livre, quer. Quebrar essa imagem de que existe uma norma a ser seguida, de que precisamos ser daquele jeito, de que só existe uma maneira possível, saudável e única. Só precisamos respeitar, entender que existem biotipos, corpos diversos, e não é porque uma coisa é mutável que ela não pode ser daquele jeito, entende? É liberdade com responsabilidade!

Afinal de contas, o que é ser gordo?

Se você pesa 60kg e mantém esse peso com dietas restritivas, muito provavelmente quando parar de fazer a dieta vai engordar. Pode ser que você engorde 10kg. Isso não te torna gorda, te torna alguém que engordou 10kg. E quem disse que esses 10kg não fazem parte do seu biotipo?

O medo de engordar é CRIADO para te manter em constante vigilância, fazendo dietas, malnutrida, sem conseguir pensar direito e gastando seu dinheiro única e exclusivamente com O SEU CORPO. Entende como o mito do corpo perfeito foi criado para te fazer gastar com você mesma e não ter forças para lutar por mais nada? Como isso é uma forma de aprisionamento da mulher para que o patriarcado continue pleno em seus objetivos?

O que mantém a indústria girando é a insatisfação eterna com o corpo. E você só acaba com essa insatisfação parando de se odiar e começando a se amar. Não é com a dieta da sopa, meu bem.

TESTE RÁPIDO: COMO SABER SE SOU GORDA

Você se acha gorda?
Sim 1 ponto
Não 0 ponto

Já te chamaram de gorda?
Sim 1 ponto
Não 0 ponto

Já criticaram seu peso e te mandaram emagrecer?
Sim 1 ponto
Não 0 ponto

Você tem dificuldade de encontrar roupas do seu tamanho em lojas de shopping?
Sim 1 ponto
Não 0 ponto

Você cabe na estrutura da sociedade? (Passa em catraca, cabe na poltrona, na cadeira de plástico do bar, na cadeira do cinema, do avião...)
Sim 0 ponto
Não 1 ponto

Você buscou por muito tempo ser magra?
Sim 1 ponto
Não 0 ponto

Você nunca pega roupa emprestada com suas amigas porque é maior do que elas?
Sim 1 ponto
Não 0 ponto

O formato do seu corpo já te rendeu apelidos?
Sim 1 ponto
Não 0 ponto

Sua saúde já foi questionada por ser gorda?
Sim 1 ponto
Não 0 ponto

Fez? Soma aí os pontos. O meu teste deu 8, e o seu? Se você tem dúvidas se é uma pessoa gorda, provavelmente não é. **Mas esse teste vai além disso. Até porque temos um fato: toda mulher se acha gorda. Nossa sociedade é tão obcecada com a magreza que perdemos a noção dos corpos, dos tamanhos, formatos.** Qualquer corpo fora do padrão vira, socialmente, gordo. E não é bem assim.

Eu poderia fazer um teste sobre "você sofre gordofobia ou pressão estética?", mas sabe do quê? Toda pessoa gorda sofre pressão estética. Mas nem toda pessoa que sofre pressão estética é gorda. Entende? Vai além. São muitas camadas mesmo para conseguir entender.

Existe o "ser gorda" criado em nós, como um sentimento ruim (me sinto feia, me sinto mal comigo mesma, me sinto maior do que antes). E muitas vezes esse sentimento vem associado ao fato concreto de se ter engordado, aumentado de peso, estar "fora do peso comum".

E o "se sentir gorda" também é associado a distúrbios alimentares, disforia de imagem, doenças do padrão de beleza. Eu mesma já tive. É preciso buscar ajuda profissional. E é comum que comentem sobre o seu corpo, que recomendem dietas, que julguem...

Mas existe o lado político de ser gorda. É falta de acesso. Você não cabe na estrutura da sociedade. Você é vista como doente. Você não tem representatividade política. Você é desumanizada. Mesmo que você tenha autoestima, que você ame seu corpo, você continua sofrendo gordofobia. Porque ela é estrutural. E, dentro da pauta, temos gordas maiores e menores.

Fora que um corpo político levanta ainda mais bandeiras. Além de gorda, sou mulher LGBTQIA+. Mas nada disso é sobre se achar bonita, entende? É sobre ter os mesmos direitos, respeito e acessos que corpos magros.

Infelizmente nossa sociedade é DOENTE, e precisamos urgentemente mudar o modo como enxergamos o corpo! Siga pessoas que se pareçam com você, mas também corpos diversos! Te garanto que esse exercício vai te fazer bem! Em que momento a palavra gorda vai se tornar apenas uma característica física, e não sinônimo de "feia"?

Humor não é OFENSIVO

Humor faz rir. E se você ri de discurso de ódio disfarçado de humor, que tal começar a parar? "Mas no passado era assim! O mundo está ficando chato." O mundo já é chato há muito tempo para pessoas oprimidas socialmente. Agora que temos voz e exigimos RESPEITO, está chato? Temos voz. Somos uma grande voz. Não tem graça se faz mal. Não tem graça se machuca. Gordofobia, transfobia, lgbtfobia, racismo, xenofobia, misoginia, nenhum preconceito é piada!

Eu já ri de gordofobia, já fui gordofóbica, já fui muita coisa e melhorei. Entendi, evoluí, respeitei e sigo aprendendo e buscando ser empática. Todo mundo errou no passado, mas agora precisamos aprender a não reproduzir comportamentos opressores e discriminatórios. Sempre há tempo de melhorar. Sempre!

Magrofobia não existe: eu explico o motivo

É possível que exista preconceito contra pessoas magras? Essa questão se refere a experiências pessoais, não um preconceito social que atinge um grupo. Em uma rápida pesquisa no Google já é possível perceber que "magrofobia" não existe. Quando comecei a escrever esse livro, em uma rápida busca no Google você via nitidamente que o termo não existia. O buscador automaticamente corrigia para "você quis dizer gordofobia?". Só que com tanto conteúdo que fizemos sobre esse assunto e com várias pessoas magras descobrindo que esse preconceito poderia existir, agora o termo é tido como uma palavra que existe. Ok. A palavra existe depois que falamos haha. Só que não existe um paralelo contrário à gordofobia. Da mesma forma que não existe racismo reverso (preconceito contra pessoas brancas) ou heterofobia (preconceito contra pessoas heterossexuais).

A "magrofobia" não existe porque vivemos numa sociedade em que existe uma pressão para que você tenha um corpo mais próximo possível do padrão magro. Mas além de ser magro, você precisa atender a diversas exigências de beleza. Dessa forma, você estará sempre insatisfeita com o seu corpo e consumindo produtos para modificá-lo. Todas as pessoas sofrem com pressão estética, algumas mais, outras menos. É tão nítido que todos sofremos com essa pressão que até mulheres famosas, muito próximas do padrão, também têm seu corpo criticado pela sociedade.

A Cleo Pires, depois de ganhar peso, virou notícia. Tanto especularam sobre as mudanças no corpo da atriz que ela veio a público confessar os distúrbios alimentares que geraram essa mudança de peso. No entanto, ela só teve que justificar seu peso porque havia uma pressão da sociedade para que ela se mantivesse sempre magra.

> *Chega um ponto que não dá mais pra naturalizar esses comentários, porque penso no tanto de meninas e mulheres que, assim como eu, sofrem com distúrbios alimentares e emocionais por conta desse padrão irresponsável, inalcançável e cruel, que é fortemente alimentado pela cultura, indústria e por um certo tipo de jornalismo que tende a comentar sempre de forma depreciativa quando alguém aparece com quilos a mais. Isso não é vergonha!*
> (Instagram @cleo, 5 de julho de 2019)[32]

A pressão estética é uma questão muito grave. A intenção aqui não é dizer que pessoas magras jamais vão sofrer, é só explicar que pressão estética e magrofobia têm uma diferença muito grande.

Uma fobia é um problema mais profundo. A gordofobia coloca barreiras no acesso da pessoa gorda a uma vida plena dentro da sociedade. A pessoa gorda é marginalizada, tendo problemas de acesso que começam na dificuldade de encontrar uma roupa e vão até a dificuldade para utilizar um transporte público com catraca e assento pequeno.

Mesmo quando você diz: "Poxa, mas eu sou magra e não encontro roupas pequenas o suficiente para mim." Você, ainda assim, vai poder comprar na sessão infantil ou ajustar roupas maiores para adaptar o caimento da peça. No entanto, uma peça menor dificilmente poderá ser alargada para ficar maior. É constrangedor, é difícil, é chato. Eu imagino.

Uma pessoa magra não perde oportunidades de emprego por causa do tamanho do corpo. Não precisa pagar por dois assentos e pedir um extensor de cinto de segurança no avião.

O corpo magro é sempre relacionado ao autocontrole, competência, beleza. Quando você olha as revistas, o que mais vê são receitas milagrosas para emagrecer. Como pode existir magrofobia, se ser magro é o que todo mundo almeja? Se você é magro, você é privilegiado SIM. Ter privilégios não é errado, você só precisa admitir a existência deles. Isso não anula seu sofrimento e suas vivências. Bullying existe, pressão estética existe. No entanto, não se comparam essas situações com a opressão social que pessoas gordas vivem.

A ativista norte-americana Marilyn Wann propõe um exercício interessante nas próprias palestras. Ela pega um quadro em branco e divide em duas colunas, uma intitulada "MAGROS", e outra intitulada "GORDOS". Então pede que a audiência proponha adjetivos, características que a SOCIEDADE atribui a cada tipo de corpo, deixando bem evidente que ela quer coisas que são generalizadas, não as opiniões pessoais de cada um. Isso dá liberdade para que o público coloque na coluna "MAGROS" adjetivos como feliz, ativo, saudável, atraente, bem-sucedido (você já viu aonde isso está indo, né?).

Na coluna "GORDOS", acabam ficando palavras como preguiçoso, desmotivado, triste, feio, nojento (e por aí vai). Mas a reviravolta: ela apaga os títulos e substitui "MAGROS" por "RICOS" e "GORDOS" por "POBRES", e pergunta se as listas ainda se aplicam (reforçando que ela está falando do que a SOCIEDADE pensa, não daqueles indivíduos). A maioria dos adjetivos continua lá. Depois dessa "revelação", ela mais uma vez troca os títulos, agora por "BRANCOS" e "PRETOS", e pergunta se a lista ainda cabe.

Óbvio, sempre tem alguém que protesta e diz que "cabia há 50 anos", que "não é mais assim". Mas o ponto não é discutir as raízes históricas nem igualar racismo e gordofobia. Óbvio que não! Mesmo assim, o exercício serve para mostrar que gordofobia também é mais um na grande lista dos preconceitos sistêmicos. E, por causa disso, a luta é bem mais difícil dentro da gente também.

Pessoas "acima do peso ideal" são 60% da população brasileira, de acordo com a Pesquisa Nacional de Saúde que o IBGE divulgou em 2020.[33] Essas pessoas são consideradas minorias, pois não são representadas em lugar nenhum. São invisibilizadas constantemente, inclusive pela lei, que não as contempla nem protege.

Em 2017, o programa *Encontro com Fátima Bernardes*, da Rede Globo, tratou do tema "Magrofobia" e foi muito criticado na internet. No programa, as principais reclamações eram sobre a falta de roupa pequena para comprar.

"Mas o meu problema com a magrofobia também é social! Várias pessoas magras sofrem com isso!" Esse preconceito que você supostamente sofre te impede de exercer o pleno direito à cidadania? Não. Isso não quer dizer que todas essas pessoas estão sendo marginalizadas pela forma que seu corpo é visto.

Entenda e assuma seus privilégios. Entenda o que é um sofrimento individual e o que é um problema social. Use esse conhecimento para ajudar outras pessoas e para saber como se posicionar em situações de opressão. Sem tentar competir sobre qual dor é maior quando você está em posição de privilégio. Além de "magrofobia" não existir, vamos lembrar que "magreza não é elogio", como destacou a atriz Duda Riedel em seu Instagram, quando recebeu uma chuva de elogios durante o seu processo de recuperação de um câncer. (Instagram, @dudariedel, maio de 2020).

Celulite: uma insatisfação inventada

Lembra quando eu falei que a indústria da beleza não quer que você se aceite? É porque lucra com insatisfações que foram totalmente inventadas sobre os corpos femininos com o objetivo ÚNICO de controlá-los. E a principal delas: a celulite.

Agora é de cair o cu da bunda: a celulite foi uma insatisfação inventada pela revista *Vogue* americana em 1968, gerando uma nova palavra e um novo jeito de as mulheres odiarem seu corpo.[34] Eu vou entrar um pouco mais a fundo no assunto da celulite porque, basicamente, ela está fortemente associada ao nascimento da gordofobia e, consequentemente, do culto à magreza. Se liga na história:

A França é considerada um país precursor quando se fala em insatisfação. Não é à toa que, antes mesmo da Primeira Guerra Mundial, já existissem diversos institutos de beleza para mulheres no país. E foi daí que surgiu a primeira menção à palavra "celulite"; só que em 1873, na 12ª edição do *Dicionário Médico Francês*.

E pasmem: a definição de celulite não tinha nada a ver com buracos no corpo ou **gordura**. Pelo contrário, era um termo geral, aplicado às células ou tecidos em um estado de inflamação ou infecção, um diagnóstico ainda usado hoje, principalmente quando se refere a infecções pélvicas.

Esse termo veio no momento em que as mulheres começaram a entrar no mercado de trabalho, conquistando uma independência financeira inédita, e passaram a desafiar os padrões de gênero com seus cabelos curtos e rendas próprias. E é exatamente nesse contexto que surge a "celulite".

Lógico que ela já existia, basta olhar para praticamente todas as pinturas do século XVII, nas quais a celulite é retratada — até mesmo destacada — como parte da beleza feminina. Mas é nesse momento histórico, quando começa o empoderamento feminino, que a celulite passa a ser um problema a ser solucionado.

Os spas franceses começam a anunciar "tratamentos" para essa "condição", incluindo sabonetes especiais, massagens e "borrachas de beleza". E não demora até que o mundo adote o pânico pela celulite, e surjam os convenientes tratamentos que não funcionam.

A gordura agora era um símbolo de fraqueza, preguiça e até imoralidade. Sinônimo de um fracasso pessoal. E a celulite era a marca mais visível e insultada desse fracasso. O mito da celulite se tornou popular — assim como suas causas e curas míticas. Ainda hoje, mulheres se submetem a inúmeros tratamentos estéticos para se livrar da celulite, de cremes a massagens ineficazes.

Do ponto de vista médico, não há nenhuma maneira de comercializar honestamente uma cura para a celulite, porque não há cura para o que não precisa ser curado. É só mais uma forma de garantir que as mulheres permaneçam inseguras.

E se você chegou até aqui e se pergunta o motivo para tanto controle: porque mulheres inseguras não fazem revoluções, mas consomem muitos produtos estéticos. A indústria da beleza cria o problema e vende a solução que não funciona. Assim como o padrão inatingível, que não existe... Essa guerra contra o IRREAL fica muito difícil. Vencemos sendo nós mesmas!

Estria: marcas de mudanças corporais que viram inimigas

Uma vez eu recebi um e-mail de uma seguidora de 12 anos. Ela me escreveu com dúvidas porque cresceu muito rápido depois da primeira menstruação, seu corpo ficou com estrias e a mãe lhe disse que as marcas eram, como ela me escreveu, "horrorosas". Ela contou que não sabia se sumir com elas era certo ou errado, mas que aceitava as estrias, apesar de a mãe insistir que ela passasse cremes e mais pomadas para acabar com as marcas.

Estrias aparecem de acordo com as nossas mudanças corporais: crescimento, gravidez, perda e ganho de peso. Em nossa sociedade, ditada pelos padrões corporais, é muito comum que nós, mulheres, tenhamos estrias, uma vez que perder e ganhar peso é uma constante na nossa vida. Sabe o efeito sanfona que acabou quando parei de fazer dieta?

A cultura da dieta te faz ter estrias, meuamô. E depois tenta vender mil produtos e soluções para acabar com elas! Olha só. De novo essa espertinha salafrária querendo ganhar dinheiro em cima das nossas insatisfações que ela mesma criou!

Além do que, nosso corpo muda ao longo do tempo e por diversos fatores. Segundo pesquisa da Universidade de Washington, publicada no *International Journal of Dermatology* em 2014, 75% das futuras mães sofrem com os melasmas, manchas escuras que costumam aparecer no rosto. Além disso, 90% das gestantes estão vulneráveis ao aparecimento de estrias na barriga e nos seios.[35]

Mas não só as mamães são propensas a isso: 70% das mulheres que não estão, nem nunca estiveram grávidas, têm estrias também. Em uma pesquisa rápida no Google com a palavra estrias, encontramos já de cara produtos e perguntas rápidas como: Qual o procedimento mais eficaz? O que fazer para tirar? Qual o melhor creme?

Você será massacrada com links te dizendo como acabar com elas, como disfarçar, como fazer tratamentos... **Todo um ecossistema que lucra com o padrão Photoshop de imagem que comercializa mulheres editadas e vende soluções que não funcionam para problemas que não existem.**

É, libera a raiva, que ela aumentou um pouquinho, né? GRITA!

Então, assim como a mãe da minha seguidora, muitas mulheres foram ensinadas a odiar a história do próprio corpo. E esse ódio é passado de geração para geração sem questionamento. Assim como a mídia, as pessoas ao nosso redor repetem discursos. Do lado deles, da mídia, a gente sabe que é por dinheiro. Do nosso lado, é por aceitação. Essa balança está desregulada.

Nossas mães tentam nos proteger da sociedade, repetindo padrões de comunicação para que a gente não sofra. Se ela acha horrível é porque foi ensinada a achar horrível e está passando adiante essa opinião sem questionar.

Então, se eu pudesse dar um conselho para minha seguidora eu diria: permaneça sempre duvidando e questionando. Não perca nunca essa característica, porque a gente vive cercada de pessoas cheias de certezas. E entenda que todas as marcas contam a história do seu corpo. Tudo que você viveu com ele fez você chegar até aqui. Pode ser que as estrias nunca sumam, mas o jeito que você as enxerga, aaaah, isso pode mudar totalmente.

Outras imperfeições fabricadas

Assim como acontece com a celulite e as estrias, existem produtos para cada uma das inseguranças criadas pelo mercado da beleza. Lembra do frizz? O pior pesadelo capilar, a ser duramente combatido por xampus, condicionadores, máscaras e cremes de pentear. Pague o que for necessário para não viver a "humilhação" de ter fios de cabelo fora do lugar, sendo que é natural!

A mesma lógica vale para a flacidez, para o corpo pós-maternidade, para os pelos, as unhas, as rugas, os cabelos brancos. Todos esses "problemas" foram criados, "coincidentemente" na mesma época em que as mulheres entraram para o mercado de trabalho e a sociedade precisava fazer duas coisas ao mesmo tempo: contê-las e lucrar com elas. Então, bora lançar problemas e as soluções para eles ao mesmo tempo? BORA!

Por mais que entender isso não faça a sua insatisfação desaparecer (e possa parecer surreal demais para ser verdade), ajuda saber de onde vêm essas inseguranças e, principalmente, quem lucra com elas. A insatisfação "faz parte" da natureza humana, mas não podemos esperar o corpo perfeito para começarmos a viver. Bora começar agora? Seu corpo já está aí. Ele é o seu corpo para fazer qualquer coisa. Como ler esse livro agora, por exemplo.

Cirurgia plástica e estética não é a chave da felicidade

Entrar em um centro cirúrgico para mudar a aparência em busca da felicidade é comum. Todos os dias mulheres (em sua maioria) se submetem a intervenções cirúrgicas com o objetivo de saírem com a autoestima "curada" e uma "imperfeição" resolvida. Mas a gente sabe que não é bem assim.

Já contei para você que o meu processo de aceitação veio depois de uma mesa de cirurgia, mas não foi por causa do procedimento que me aceitei, pelo contrário. A lipoaspiração mudou meu corpo, mas não mudou o meu olhar sobre mim mesma, e ninguém fala sobre isso. Eu quis morrer e estava com o corpo perfeito, como explicar isso?

Eu fiz lipoaspiração no corpo todo, na época a famosa lipoescultura. Hoje, a técnica famosa é a Lipo HD, e esse HD vem do inglês e significa HIGH DEFINITION, ou seja, alta definição. Igual a TV, né? TV que é para ter alta definição. E o outro nome dela, LAD, que vem já traduzido, Lipo de Alta Definição. É a mesma coisa. Quando ela surgiu, em 2010, era destinada aos homens como técnica de esculpir o "tanquinho", mas não bombou.

Em agosto de 2020, logo quando houve um afrouxamento do isolamento social (Veja só!!!), veio o BOOM na internet sobre a lipo LAD, porque a cantora Ludmilla e a sua esposa, Bruna Gonçalves, se submeteram ao procedimento. A Flay do BBB também... Várias blogueiras, atrizes e cantoras fizeram a lipo e divulgaram para todo lado o nome da clínica, o quanto era maravilhosa e deixava a barriga, assim como uma tela de TV, com alta definição.

O combo celebridade + Instagram + pandemia acelerou todo o processo de comunicação sobre essa lipo, popularizou o procedimento entre o público feminino. Se você for tentar buscar matérias antigas sobre a lipo LAD, você vai encontrar dificuldade... A grande maioria apareceu em agosto de 2020, e por quê? Porque foi quando as celebridades a fizeram. Mulheres celebridades a fizeram. Mulheres celebridades que trabalham com suas imagens e, consequentemente, mostram o corpo o tempo todo nos seus feeds...

Entende? E você está lá. On-line. Vendo. O tempo todo. Imagina duas situações: Falar para um cara que ele pode ter o abdômen dos sonhos. E falar para uma mulher que ela pode ter o abdômen dos sonhos. Quem estará mais disposto a mover mundos e fundos para alcançar esse "sonho"? E quem é mais provável de pensar: "Aaaaaah, cirurgia? Sessenta mil reais? Anestesia geral? Óbvio!" Quem vai investir no próprio corpo como investimento de VIDA? Quem vai associar o próprio corpo a um propósito que guia seus sonhos? Se alguém ainda não disse, eu vou dizer agora: você não precisa desenhar gominhos artificiais cirurgicamente na sua barriga para se sentir bem com o seu corpo. Mas, se você quiser isso, atente-se aos riscos.

E não precisamos da morte de mais Lilianes Amorins por conta de lipo. Ou de Thaynaras na CTI por conta de lipo. Entende? É uma questão séria e envolve a sua vida. Não coloque na cirurgia plástica a chave para a felicidade, para uma autoestima perfeita. É óbvio que auxilia em alguns casos, principalmente quando são cirurgias reparadoras e para melhora do bem-estar como um todo, mas barriga, peito, braço, boca, nada disso é ACESSÓRIO! Não é uma brincadeira, é a sua vida.

Na contramão: explante de silicone

Evelyn Regly, influenciadora, divulgou seu explante de silicone dizendo que "o peito dos sonhos" era só dentro da blusa, pois, quando fez o implante, seu pós-operatório foi muito difícil; nove meses para fechar as cicatrizes nos seios, além de dores constantes com as próteses. Em seu Instagram ela explicou que, no início, só queria o peito "direitinho", mas não pesquisou o suficiente sobre o que as próteses poderiam causar.

> Foram nove meses com seio aberto, correndo risco de infecção. Inúmeras idas à emergência e a médicos, como mastologista, infectologista... Fui do sonho ao pesadelo", disse Evelyn, ressaltando que teve "uma série de problemas de saúde depois do silicone, além de conviver com muita dor. Não é à toa que agora os implantes vêm com aviso de tarja preta escrito 'produto com efeitos colaterais graves e que pode alterar a vida' e pode mesmo. Se eu soubesse disso antes, jamais teria colocado silicone!
> (Instagram @evelynregly, 3 de novembro de 2020)

O cirurgião plástico Dr. William Massami Itikawa é um dos grandes nomes à frente do explante de silicone de diversas famosas aqui no Brasil, e falou com minha equipe especialmente para o livro. Sobre os resultados da retirada das próteses, ele afirma:

> *Grande parcela fica muito satisfeita com o resultado estético e se sente livre da obrigação de cirurgias periódicas para a troca das próteses. O cansaço crônico, dores no corpo e desconfortos nas mamas melhoram com frequência.*

William ainda reforça a importância do acompanhamento nos casos em que a pessoa deseje manter o silicone:

> *Os implantes mamários não são vitalícios. Eles precisam ser trocados quando apresentarem sinais de desgaste ou alguma complicação. É recomendada uma ressonância magnética para a avaliação da prótese após 10 anos de implante. E consultas anuais para o acompanhamento são fundamentais.*

A gente tem visto diversas mulheres pegarem esse caminho de volta, inclusive famosas e celebridades, muitas por problemas de saúde em decorrência do implante. Eu tenho próteses nos dois seios e, daqui a pouco, vou me juntar ao bonde, mas esse ainda é um tópico desconfortável para mim. Você achava que eu não tinha inseguranças? Lógico que tenho, meuamô! Todo mundo tem!

O implante mamário ainda é a cirurgia mais procurada nos consultórios, mas estamos vendo um movimento de mudança. Segundo matéria do SBT sobre explante no dia 13 de novembro de 2020, não existem ainda dados oficiais sobre a quantidade de mulheres que optaram pela retirada dos implantes, mas, de acordo com especialistas, esse número vem aumentando desde 2017.

Conversamos também com o Dr. Eduardo Fleury, médico, pesquisador, PH.D. e pós-doutor pela FCMSCP — Faculdade de Ciências Médicas da Santa Casa de São Paulo. Eduardo é autor do livro *A voz do silêncio: quando a ciência é a inimiga: A saga da doença do silicone* (e-pub, 2020), que conta um pouco da sua jornada na descoberta da doença do silicone chamada SIGBIC (granuloma induzido por silicone na cápsula). Ele nos conta que foi muito criticado como sensacionalista e propagador de fake news, e que o principal motivo para escrever o livro foi o posicionamento oficial do FDA, no final de setembro de 2020. O FDA considerou os implantes equipamentos tarjas pretas. Ele nos afirma que qualquer pessoa com implantes pode vir a ter alguma complicação.

> *Todos os implantes vão acarretar em extravasamento de gel. No entanto, a reação é muito dependente de paciente para paciente. A maior parte das pacientes vai apresentar apenas contratura, uma boa parte vai ter sintomas sistêmicos, e uma minoria terá câncer.*

Eu mesma vou fazer o explante de silicone e espero compartilhar minha história nas redes e nos próximos livros, já que é um longo caminho e existem várias questões, principalmente quando se trata da minha vida. Haha. Confesso que, quando fiz a lipo e coloquei o silicone, não pensei que, anos depois, teria que entrar novamente numa sala de cirurgia. E mesmo que seja para tirar de vez as próteses, não me via nessa situação mais uma vez. Pensei como ficariam meus seios, a imagem deles, como seria ficar "sem peito" depois de anos com duas "bolas" no meu corpo. "E a minha sensualidade?", "E como vai ficar o meu corpo?", "Como vai ser com biquíni?", "Os seios vão ficar flácidos e bater na barriga"... Várias questões.

Mas acabei me deparando com um vídeo antigo meu, antes de colocar o silicone, e pela primeira vez achei bonita minha imagem natural, real. Senti arrependimento de ter colocado a prótese, mas o que poderia fazer? E olha que legal: descobri que no explante é realizada uma reconstrução dos seios com a pele excedente, o que faz com que eles fiquem "empinados" e "durinhos". Quem diria? Eu estava preocupada com isso, aceitei o fato, mas depois descobri que existe um jeito de o peito ficar numa altura legal para evitar mais questões com autoimagem... Entende como a cirurgia reparadora traz bem-estar e qualidade de vida? #Xandica: várias famosas estão liderando essa frente de retirada dos silicones e inspirando todas nós, mas muitas anônimas também. Por isso, para mais sobre o assunto explante de silicone recomendo as páginas @explantedesilicone e @perigos.do.silicone.

Adolescentes fazendo cirurgias plásticas: esse número é alarmante e só aumenta

Infelizmente o mercado de cirurgia plástica chegou para os adolescentes. E segundo pesquisa de 2018 realizada pela Academia Americana de Cirurgiões Plásticos Faciais e Reconstrutores, 55% das cirurgias plásticas no nariz feitas em todo o mundo durante o ano de 2017 foram com o objetivo de sair melhor em selfies. Na sequência está o implante de silicone nos seios.

Consegue entender o nível de impacto que a internet e sua influência, os padrões de comportamento, como tudo isso mexe com a autoestima dos jovens?

Em um artigo publicado no Portal PEBMED, o Dr. André Mattos, membro titular da Sociedade Brasileira de Cirurgia Plástica, ressalta que cirurgias estéticas na adolescência devem levar em conta:

- idade ideal para correção;

- inserção social;

- estabilidade emocional;

- autoestima e autoimagem;

- higidez física (higidez significa mais ou menos saúde);

- bom senso.

Queria que vocês refletissem o quanto esses fatores são realmente ponderados aqui no Brasil, sendo que somos o país que mais faz cirurgia plástica em adolescentes no mundo.[36] O quanto você acha que o fator bom senso é relativo?

O Dr. André ainda atenta para a importância de se ter atenção para as características psicológicas da chamada "Síndrome Normal da Adolescência".

Se você fizer a busca por esse termo, vai encontrar estudos e explicações mais detalhadas sobre o assunto, mas basicamente — se você tiver 30 ou mais anos, como eu — faz esse exercício mental: como eu era na escola? Aquela revolta, "ninguém me entende", "eu odeio isso", "eu amo demais aquilo", "fulano ou fulana não gosta de mim", "meu mundo acabou", dúvidas mil... Então, é tipo isso.

Voltando a essa época, ele diz que encontramos a atemporalidade, que é caracterizada pelo imediatismo de ações e um superimaginário fantasioso. Tipo: "Quero tudo agora, do meu jeito, se não for agora não quero, e, quando eu tiver, vai ser perfeito e todos os problemas vão estar resolvidos." E essas características podem ser usadas pelos diversos profissionais que lidam com essa faixa etária de uma forma errada.

Ele complementa: "Com isso muitas decisões impulsivas e impensadas de correções estéticas podem induzir a sérios problemas psicológicos futuros, fundamentalmente por não terem atingido suas expectativas imaginárias."

O que isso significa: saúde mental afetada, ou seja, o ter dinheiro para mudar na faca porque "está afetando a sua autoestima" não é resposta para a sua cabeça a longo prazo.

Tem uma citação da Sophie Gray no meu primeiro livro, uma personal trainer que mudou todo o seu Instagram para passar uma mensagem mais verdadeira, que diz: *"Algo externo nunca vai consertar uma questão interna. A felicidade é algo que você tem que encontrar dentro de si mesma."*

Ela cansou de se comunicar de uma forma que criava expectativas nas pessoas de que um corpo perfeito viria com seus treinos e passou a mostrar o que a gente hoje sabe bem: autoestima vem de dentro e não existe vida, treino, alimentação perfeita. Nada é perfeito.

E precisamos parar de perseguir padrões...

Lembrando da citação, que também está no *Pare de se odiar*, do Dr. Simon Ourian, cirurgião plástico da Kylie Jenner: "É como se Kylie tivesse aberto as portas para uma geração inteira. Eu já tratei centenas de celebridades, mas nenhuma delas foi ousada o bastante para revelar seus segredos com tanta transparência. A influência de Kylie fez com que a cirurgia plástica deixasse de ser um tabu."

Já está na hora de voltar a ser tabu. Já tá mais do que na hora de voltarmos a pensar muito, ponderar, tomar mais decisões com base em pesquisa, nosso corpo não é um produto... se você é mãe de adolescentes, PESQUISE MUITO. Considere que seu filho ou sua filha está passando por um momento de muita dúvida sobre o seu lugar no mundo. Se você é adolescente, me escuta: seu mundo não vai acabar. Respira. Tenha um diálogo aberto com sua família e as pessoas em quem você confia. Se tiver a oportunidade, faça terapia. Estude e me escute. Eu já estive no seu lugar.

Aplicações de produtos no corpo: vamos falar sobre isso?

De acordo com uma pesquisa de dezembro de 2019 divulgada pela ISAPS — Sociedade Internacional de Cirurgia Plástica Estética analisando o ano de 2018, o Brasil registrou mais de 1 milhão de cirurgias plásticas, além de 969 mil procedimentos estéticos não cirúrgicos. Com esses números em 2018, o Brasil já conquistou a liderança em cirurgias plásticas no mundo e, de acordo com a Sociedade Brasileira de Cirurgia Plástica (SBCP), seguimos ainda, em 2020, na primeira posição.

Uma atenção que devemos ter é que além dos dados divulgados, os dados que nós temos na mídia, nas revistas científicas, temos também as subnotificações. Nossos números já são altos, então imagina se a gente conseguisse contabilizar o número de procedimentos feitos clandestinamente? Por que não temos esses números com maior precisão? Quem são essas pessoas que estão dentro desse nicho, quem são as pessoas que morrem?

O uso de silicone industrial em aplicações no corpo humano é uma prática proibida pela ANVISA e ninguém discute o quão tóxico é. É proibido. Silicone industrial é proibido e é um produto para limpeza de carros, peças de avião, impermeabilização de azulejos, vedação de vidros e outras aplicações industriais. Segundo o Ministério da Saúde é considerado crime contra a saúde pública a utilização de silicone industrial no corpo humano.

Apesar disso, a gente ainda escuta na mídia sobre mortes por silicone industrial. Essas aplicações são muito populares entre mulheres trans e travestis que não têm acesso a profissionais e tratamentos, mas também acontecem com mulheres cisgênero. Às vezes enganadas porque não conhecem o produto, às vezes com consciência de que é tóxico, mas fazem mesmo assim. Elas acham que esse tipo de aplicação vai ajudar na autoestima delas, vai ajudá-las a ficar mais próximas do corpo perfeito, e acabam com um produto tóxico dentro do corpo que pode matá-las a qualquer momento — quando não mata imediatamente.

Dentro desse universo das aplicações existem também as aplicações autorizadas pela ANVISA, como o metacril. O hidrogel, que ficou popularizado depois do caso da Andressa Urach, que falamos lá no começo, hoje (se eu não me engano — não achei fontes acadêmicas o suficiente para comprovar) parece que é proibido, mas já foi uma substância autorizada aqui, apesar de o FDA (órgão regulatório americano) nunca ter aprovado lá fora.

Voltando com o metacril, ou polimetilmetacrilato, é também conhecido como PMMA ou bioplastia, e faz parte das substâncias não absorvidas pelo corpo, ou seja, se você injetar no seu corpo essa substância vai ficar para sempre dentro de você. E de que são feitas essas substâncias? O PMMA é um preenchedor sintético feito de microesferas de um material similar ao plástico acrílico. Imagina você jogar super cola numa esponja de cozinha? É mais ou menos assim que o produto entra em você. Se você precisar tirar, por qualquer infecção, nódulo, necrose, não existe como fazer essa retirada sem que você perca uma parte de tecido, músculo, enfim, sem que você perca uma parte do seu corpo.

Segundo uma matéria da *Folha de S.Paulo* publicada também no site Sociedade Brasileira de Dermatologia em 2018, juntamente com a Sociedade Brasileira de Cirurgia Plástica, eles não recomendam o uso de PMMA para tratamentos estéticos. Essa matéria foi postada nos sites oficiais das duas. Segundo os médicos das entidades, a exceção seria o uso do preenchimento em pessoas com HIV para corrigir lipodistrofia causada por medicamentos.

Em matéria do jornal *O Globo*, repostada no site oficial da Sociedade Brasileira de Cirurgia Plástica, você encontra também a declaração do presidente da Sociedade Brasileira de Cirurgia Plástica na época, que diz que não dá para garantir a retirada total do produto do corpo, pois ele se espalha pela pele, gordura e músculos.

E muito menos dá para prever os riscos. Segundo Níveo Steffen: "Não tem como nós prevermos ao longo dos anos, pode ser um ano, dois anos, cinco anos, dez anos, ao longo da vida desse indivíduo poderá ter algum tipo de reação ao corpo estranho, dando essas complicações que ocorrem num grande número de pacientes."

Os dados mais recentes sobre complicações com uso de PMMA são de 2016. Segundo a *Revista Brasileira de Cirurgia Plástica*, artigo especial, ano 2019, volume 34: "Em 2016, foram registradas mais de 17 mil complicações relacionadas ao PMMA e, mesmo assim, é difícil estabelecer dados epidemiológicos confiáveis, pois não há controle do número de aplicações, da qualidade do produto utilizado e da capacitação dos profissionais que o utilizam."

Você vai encontrar médicos que trabalham com PMMA e defendem o uso com base na ausência de trabalhos significativos da comunidade científica que realmente comprometem o uso, sustentados pelas décadas que o produto é usado na medicina. E aqui, eu e minha equipe, somos jornalistas, pesquisadores e não vamos nos colocar em um lugar de autoridade com médicos, esse não é o objetivo.

Por isso, o que a gente PODE fazer é com que você olhe com bastante cuidado para promessas de "cirurgia sem bisturi", facilidades de aplicação no corpo, facilidades de pagamento, qualquer coisa definitiva com o seu corpo, fique atenta. Pesquise fontes seguras, leia relatos. Se for fazer qualquer aplicação, peça para ver o produto, leia rótulos, pesquise, pense antes de fazer.

Não encostamos no nosso corpo?

A gente introduziu no primeiro capítulo o assunto cirurgia íntima, né? Eu já contei que eu fiz lipo na pepeca? Isso mesmo, lá embaixo. Deixa eu te contar. Durante absolutamente toda a minha vida odiei minha pepeca! Grande, gorda, volumosa, diferente do que se via como "normal". Os meninos comentavam no colégio, tinham vários apelidos. E desde cedo comecei a escondê-la com casacos amarrados, blusas enormes... E era um outro grande motivo pra não ir à praia ou ambiente com piscina. E quando eu olhava, com roupa mesmo, como eram as pepecas das minhas amigas, eram todas magras... Isso me fazia sentir um ser anormal e monstruoso, de verdade.

Em 2012, quando fiz uma lipoescultura no corpo inteiro, a pepeca também foi "lipada". Mas a cirurgia foi muito complicada em muitos níveis, e ela literalmente "empedrou" e ficou superdolorida, já que eu tinha que usar cinta, e não existe cinta para pepeca. Pelo contrário: ela era esmagada pela cinta, já que era a única parte aberta, para poder fazer xixi. Eu sentia muitas dores, cheguei a fazer vários tratamentos estéticos e fiquei muito tempo assim... Não é à toa que minha tentativa de suicídio foi três meses depois da cirurgia, pois ela me fez mal em diversos níveis, como já contei aqui outras vezes.

Eu nunca falei sobre pepeca antes porque tinha vergonha. Sinceramente, eu não vejo mais problema, mas ainda não acho uma coisa bonita em mim. E quer saber? Nem preciso achar. Eu já tô aqui falando disso tudo para você, expondo essa vulnerabilidade, e já é muuuuito!! Cada dia temos coisas novas a desconstruir, a entender, a descobrir sobre a gente. Eu falo isso todo santo dia, e você sabe disso.

Não tem que ter padrão para porcaria nenhuma, muito menos para sua pepeca!!! Hoje eu fico pelada na frente dos outros, coloco meus bons biquínis, faço tudo, sem vergonha! Todo dia é uma oportunidade de se amar. Todo dia. E você pode não achar bonito algo em você, mas meuamô: essa é a vida! Aprender a lidar é a saída, não ache que amor-próprio é ser narcisista, é se respeitar, ser consciente, ser LIVRE!

O Brasil também é líder em cirurgia íntima.[37] As mulheres querem mudar até a aparência da vulva, algo que pouca gente vê, né? Mas nem a mulher conhece o próprio corpo. Somos ensinadas a ignorar coisas tão nossas quando se trata disso, né? Meu Deus, eu poderia fazer um livro inteiro só sobre esse assunto, socorro.

A heterossexualidade compulsória me fez achar que eu era hétero por 29 anos. E como isso interferiu nas minhas questões com o corpo?

Se você chegou até aqui sem saber dessa informação, pois é: sou lésbica. No P.O. eu ainda achava que era hétero, e esse assunto precisa ser falado, até porque interfere diretamente em quem eu sou e em todas nós. Vou te contar a história.

No mesmo ano que lancei o livro eu conheci a Caroline, que é a minha esposa e somos casadas hoje em dia. Ah, antes de mais nada: não foi ela que me fez virar nada, até porque a gente não vira nada, a gente se descobre. Mas ela foi a pessoa que eu olhei e, basicamente no mesmo dia que eu me encontrei com ela, tudo mudou.

É engraçado porque quando assisti àquela série *Please Like Me* (na Netflix) eu fiquei altamente irritada com o fato de o personagem principal, que estava em uma relação hétero, ser dispensado pela namorada e no mesmo dia se descobrir interessado em homens também. Aquilo me desceu mal, como se fosse "fácil" assim lidar com isso, apenas viver sua sexualidade e, olha lá quem tá virando a esquina? É a Xanda, que dizia pra todo lado que era hétero e de repente é lésbica, menina!

A gente se conheceu nesse aniversário, no mesmo dia fomos lá para minha casa, vários amigos, e eu simplesmente comecei a dar em cima dela. Basicamente foi isso. Que nem o personagem da série. Fui eu que fui atrás, fui eu quem deu em cima, não pensei, eu só agi e quando eu vi eu falei: "estou apaixonada por uma mulher". Mas não foi bem assim que eu falei para o meu terapeuta, foi mais num tom: "COMASSIM EU TÔ APAIXONADA POR UMA MULHER COMASSIM DO NADA ISSO AOS 29 ANOS SOCORRO TÔ LANÇANDO UM LIVRO SOU UMA FRAUDE EU NEM SEI MAIS NADA SOBRE MIM ME AJUDA."

Eu já vinha tratando a questão da sexualidade na terapia, o terapeuta já vinha me indagando, então quando isso tudo aconteceu foi incrível. Eu me descobri uma mulher lésbica. Na época muita gente falou: "Você está invisibilizando as pessoas bi", "Você não tem que falar que você é lésbica porque você sempre namorou com homens, então no mínimo você é bissexual."

E eu lá sabia que podia não gostar de homens? Eu achava que um homem deveria gostar de mim, e me foi ensinado isso. Mas eu fui questionando tudo isso, fui questionando a heterossexualidade compulsória, fui entendendo que a gente é obrigado a ser hétero, a gente é criado como hétero.

Como disse a pensadora e ativista Betty Friedan, lá em 1963:

> A mística feminina afirma que o valor mais alto e o compromisso único da mulher é a realização de sua feminilidade. Afirma ainda que o grande erro da cultura ocidental, no decorrer dos séculos, foi a desvalorização dessa feminilidade. Diz ainda que esta é tão misteriosa, intuitiva e próxima à criação e à origem da vida, que a ciência humana talvez jamais a compreenda. Contudo, por mais essencial e diferente que seja, de modo algum é inferior à natureza do homem; em certos aspectos pode até ser superior. O erro, diz a mística, a raiz do problema feminino no passado, é que as mulheres invejavam os homens, tentavam ser como eles, em lugar de aceitar sua própria natureza, que só pode encontrar realização na passividade sexual, no domínio do macho, na criação dos filhos, e no amor materno. [38]

Tudo que é compulsório é obrigatório, imposto, você não tem escolha. Se nós formamos nossa personalidade dos 6 aos 10 anos e até os 12 desenvolvemos nosso caráter, será que nessa idade temos escolha de alguma coisa ou apenas vivemos o que nos é imposto? Quais as escolhas que você fez até os 12 anos definitivas para sua vida além de cicatrizes pelo corpo como uma criança "comum"? (na minha época eu me machucava muito brincando, sou cheia de cicatrizes e amo lembrar das histórias).

Qual escolha eu tive se todos os desenhos eram com casais hétero? Qual escolha eu tive se a princesa tinha que conquistar o príncipe e EU tinha que personificar a princesa perfeita? Como dizer que eu teria alguma forma de escolher algo e não viver a imposição de uma aula de educação sexual toda voltada para como os meninos devem usar camisinha para não engravidarem as meninas?

A obrigação em ser hétero é tão forte que me fez repensar algumas coisas sobre corpo. Será que se eu tivesse apenas desenvolvido minha sexualidade de forma normal e descoberto desde cedo tudo isso, eu me aceitaria mais fácil? Por que o que entendi foi que a heterossexualidade compulsória não me obrigou apenas a ser hétero, mas a entrar no padrão hétero, a seguir a norma.

E a norma é: o certo é homem e mulher. A mulher para conquistar o homem precisa ser linda como a princesa, e o homem, cheio de posses como o príncipe. Ambos têm regras a partir disso, mas olhando para nós, mulheres, nos foi imposto o objetivo de conquistar esse príncipe e como se faz isso? Sendo uma princesa padrão. E assim crescemos moldando nossa vida, nosso corpo e nossos comportamentos a partir do olhar do príncipe. Como ele gosta, como ele quer, como ele deseja, como ele vai se interessar...

Fui lendo sobre isso, fui percebendo que isso é uma pauta muito forte no feminismo lésbico, e que não é muito falada. Eu fiquei me perguntando quantas mulheres como eu existem por aí, sabe? Que levam uma vida inteira para entenderem do que gostam de verdade, sem nenhuma imposição...

Eu passei por vários momentos, eu ainda estou muito no começo dessa minha vivência lésbica, e isso é uma coisa que é minha, diz respeito a mim, como eu identifico e me reconheço, como eu quero falar sobre a minha vida agora. Eu não vou me considerar uma pessoa bissexual porque, acreditem ou não, eu não tenho interesse por homens, eu não me sinto atraída por homens. Eu já me senti? Já!

Eu não me sinto mais, isso aconteceu naturalmente e eu entendi também que isso foi criado em mim. "Alexandra, então você está dizendo que isso é criado em todo o mundo?" **Sim!** "Alexandra, então você está dizendo que todo mundo deveria não ser hétero?" **Não!**

É você que tem que lidar com as suas questões. Isso é sobre você. Eu estou falando da minha história. Mas é passo a passo, é uma vivência, assim como é o processo de desconstrução, de você amar o seu corpo. É um processo diário que, dia após dia, você vai se descobrindo, você vai se conhecendo, se permitindo, experimentando.

Por mais que eu tenha me entendido em 2018, aos 29 anos, não significa que eu demorei demais. Por muito tempo eu fiquei pensando nisso: "Nossa, se eu tivesse descoberto minha sexualidade antes." E as pessoas que nunca descobriram? Viveram totalmente presas a um padrão heteronormativo até o fim? E as pessoas que morreram tentando lutar pela liberdade de casais que fogem à norma? Sabe? Eu questionei tudo isso e percebi que foi no tempo que tinha que ser, do jeito que tinha que ser.

Você entende que é uma descoberta, você vai vivendo coisas e você vai voltando na sua história e vendo que sempre se interessou por meninas (no meu caso), só que você não sabia que isso era normal, que isso era possível, porque você nunca entendeu que era possível. A gente precisa ver alguma coisa para normalizar aquilo.

As únicas vezes que eu ouvi falar sobre mulheres lésbicas, tudo que vinha para mim ou era pornografia, de meninos do colégio falando disso de forma sexual, ou quando eu vinha falando de forma pejorativa. Eu nunca tive uma normalização de uma vida lésbica. Sabe, como a gente não pode ver uma coisa a gente não pode ser aquela coisa. Isso vale para tudo, mas agora entendendo dia após dia que eu sou uma mulher LGBTQIA+, que eu sou o L da sigla, que eu estou aqui sabe, lutando, resistindo com a minha esposa.

Eu sempre fui aliada da causa, mas eu me considerava hétero. Depois que me descobri e depois que eu comecei a sair na rua com a Caroline, e sofrer ódio, não só na internet. Sofri ódio na rua, de pessoas desejando a morte de pessoas sendo total lesbofóbicas, LGBTfóbicas. Eu entendo o que é sentir medo. Ser diminuída por amar uma mulher e não um homem, porque é isso que é esperado. Quando a gente quer contratar alguém para pintar nossa casa e o pintor pergunta se a gente é irmã, e quando a gente fala que é um casal, ele não volta para pintar a casa de novo. Muitas das vezes eu solto a mão da Carol na rua.

A gente tem medo e esse medo não existia em mim antes. Se você não é uma pessoa LGBTQIA+, você não sabe o que é ser. Mas se você é LGBTQIA+, você sabe como é, e aqui dentro da comunidade, também temos vários recortes, siglas que estão em privilégios em relação às outras, siglas que têm mais representatividade. E a gente precisa olhar para os recortes dentro do nosso movimento e ver que privilégios existem, que às vezes é só a letra G que está em evidência. A gente precisa lembrar dos outros, de todas as outras letras, principalmente das letras TQIA+ que estão no final da sigla e que muitas vezes são esquecidas.

Tenho muito orgulho de ser quem eu sou, tenho muito orgulho de ser LGBTQIA+, de amar uma mulher, de viver livremente o meu amor. Você que às vezes está questionando alguma coisa, busca algo, vai atrás, pesquisa em livros. Infelizmente não temos muitas coisas, mas temos alguns conteúdos para você normalizar aquela vivência mesmo que você não esteja questionando, mesmo que você não seja LGBTQIA+. Normalize nosso corpo, normalize a nossa existência, normalize casais que não são hétero.

Bom, bora começar a colocar umas dicas em prática? Mas já te aviso: nada é pá-pum. Você vai ter que trabalhar, lindeza. OOOO se vai! Simbora, vira a página!

CAPÍTULO TRÊS

COMEÇANDO A SE AMAR

> "Meu corpo e eu pertencemos um ao outro.
> E juntos, a cada dia, aprendemos a como nos amar."
>
> – Anoop Kaur [39]

Você está há dois capítulos recebendo informações, dados, quebrando padrões pessoais e sociais, refletindo sobre muitas coisas. Agora chegou a hora de começar a colocar em prática o exercício do amor-próprio, apertar mais o botão para sair da prisão. Se não fizer os exercícios por você mesma, tente ao menos ler e introduzir essas práticas no seu dia a dia. Na sequência, reuni várias dicas rotineiras e pequenos passos para você se relacionar melhor com seu corpo.

Lembrando que o ideal não é fazer de uma vez. Já falei aqui várias vezes, mas vou repetir: ninguém muda do dia para a noite. É um trabalho diário, com dedicação, dias ótimos, dias péssimos, um dia de cada vez. E pode ser que alguns exercícios mexam com você, te façam lembrar de algumas coisas boas, outras não tão boas assim.

Tudo que foi publicado aqui teve como base minhas vivências e conta com o aval de especialistas. Minha primeira dica sempre é buscar ajuda terapêutica para ter alguém com quem conversar caso você perceba que precisa de um cuidado maior em certos pontos. Isso me ajudou e ainda me ajuda, até hoje.

Ah! E se você achar interessante, use um bloco, um caderno para fazer os exercícios e anotar as coisas que está descobrindo sobre si mesma. Quando a gente coloca as coisas no papel, escreve, elas se tornam mais concretas. A gente até acredita que estamos MESMO nos dedicando, né? Lembrei de quando eu fazia dieta e anotava no caderninho o que eu comia e as calorias. Dessa vez é para anotar coisas sobre você mesma. Bem melhor, hein? ♥

Banco do amor-próprio: pague por se fazer mal... Com algo bom! Essa é a lógica

Já parou para pensar como é aceito, e até incentivado, que a gente se autodeprecie? Que a gente fale mal de nós mesmas? É o esperado socialmente das mulheres, a modéstia. Se alguém fala bem do seu vestido, você responde: "Essa coisa velha? Comprei há cinco anos na promoção." Somos tão programadas para nos odiar que a autocrítica é quase natural.

A conscientização é o primeiro passo para combater esse hábito tóxico. Para entender essa dinâmica, imagine a seguinte analogia. O banco do amor-próprio. O que você mais quer da sua conta no banco? Que ela fique verdinha, positiva, sempre certinha. Mas a realidade não é bem assim, né?

Todo mês tem boleto para pagar, às vezes rola uma dívida, a necessidade de um empréstimo... E sair do negativo é difícil pra caramba! É um processo educativo, você precisa mudar de hábitos, rever seus gostos, o que você quer para você mesma... Afinal de contas, só assim você consegue alcançar a meta de ficar positiva.

Mas o negativo acontece, mesmo quando está tudo bem. A vida é dinâmica, a gente tem altos e baixos e não dá para achar que nunca mais você vai ter problemas financeiros. É impossível evitar, mas, se acontecer, você aprende a lidar, né? Resolve a questão.

A mesma coisa é com a nossa autoestima, com o amor-próprio. Quando você se odeia, contrai dívidas consigo mesma, você está em débito, no negativo, vermelhaça! Quando você para de se odiar, deixa de ficar negativa. Mas quando temos uma vida financeira que está começando a se recuperar, podemos voltar para o negativo em alguns momentos.

Assim é com o amor-próprio, a diferença é que, enquanto você vai aprendendo a se amar e praticando dia após dia, vai acumulando aprendizados e conhecimentos sobre si mesma, então, no dia que negativar, pode acionar sua poupança. Basicamente, algo que te deixaria supermal antes, hoje te machuca, te deixa mal, mas você consegue retornar para o positivo rapidamente.

Mas como eu disse, a vida é dinâmica. Pode ser que você precise de um empréstimo, que você fique negativa numa situação inesperada... Mas, assim como não é jogo fácil equilibrar a vida financeira, o mesmo acontece com o amor por si mesma. Ainda mais que falamos de algo íntimo, é a nossa vida. Vou te dar várias dicas aqui para positivar seu saldo no banco do amor-próprio, mas normalize momentos no vermelho, ok? Então o exercício diário vai ser sempre tentar ficar no positivo!

EXERCÍCIO #1: ENCONTRANDO O CAMINHO DO MEIO

Para cada comentário negativo que se pegar fazendo sobre si mesma, deposite um positivo. Seja criativa. Pode ser um elogio profissional ou você pode enaltecer seu papel como irmã, filha, mãe, amiga.

Pode ser algo simples, como um dia que seu cabelo está bonito ou algo que você se orgulha de ter conquistado. Comece a investir no seu banco do amor-próprio. Talvez você tenha se odiado a vida inteira, e só agora esteja tirando a sua conta do negativo. Tente não contrair mais débitos.

> "Eu tento ser forte o tempo todo, mas nem sempre consigo, e está tudo bem."
> @EuBeatrizVianna

Já se olhou no espelho hoje? Preparando o ambiente com informações para lidar com sua autoimagem

Olhar para o espelho é muito difícil. Muitas de nós vivem fugindo do próprio reflexo. Como quando você vai tomar banho e sai correndo para não se olhar; quando você passa maquiagem, mas foca só no rosto. Você se ignora, não se olha, não se observa. Você evita observar seu corpo, evita um contato mais próximo consigo mesma, que é a pessoa que vai passar o resto da vida nesse corpo. Você não repara na única pessoa que pode te tirar dessa cilada da perfeição.

Passei por isso também e acredito que a relação com o espelho é instável. Quando eu penso em espelho, na nossa imagem refletida, lembro de um dado da Dove Global de 2014: ⅓ das mulheres não gosta de sua imagem refletida no espelho. A mesma marca fez uma pesquisa em 2011, que revelou que 96% das mulheres do mundo NÃO estão satisfeitas com seu corpo.[40]

É quase todo mundo. Se você não gosta, se você odeia a sua imagem, o trabalho do patriarcado está devidamente cumprido na sua vida. Então não se menospreze nem se sinta mal ou "fraca". É difícil mesmo, amiga.

Antes de mais nada, a gente precisa se olhar. Mas não é uma atitude fácil, porque tem toda a questão da autoimagem em relação ao reflexo do espelho. O espelho é como uma pedra no caminho da aceitação, na qual você tropeça, se machuca, mas, se você souber usá-la, te ajudará a construir uma trilha preciosa em direção ao autoamor.

Ao mesmo tempo que em muitos momentos evitamos olhar no espelho, fugindo ao máximo desse encontro, em outros parecemos viciadas na nossa própria imagem refletida e passamos por rituais de autocrítica, dissecando cada pedacinho do nosso corpo. Esse termo é conhecido como Body Checking, quando se fica obcecada pela imagem e checando o tempo inteiro.

É quando desenvolvemos um comportamento obsessivo com a nossa imagem, uma autocrítica muito restrita, muitas vezes relacionada ao controle do peso, uma obsessão constante com a medida, medindo braço, tamanho da cintura... que estamos diante de um sintoma de transtorno alimentar, disforia de imagem.

Tem um caso curioso da estudante de doutorado em sociologia, Kjerstin Gruys, que sofria com anorexia e problemas de aceitação. A americana contou, em seu TEDX na Universidade de Nevada, que aos 29 anos sentiu a pressão estética bater à sua porta assim que ficou noiva. "Estava insegura com meu corpo quando comecei a visitar lojas à procura de um vestido. Eu me olhava no espelho com um olhar muito crítico."[41]

Para evitar sofrer com toda a pressão, ela decidiu ficar um ano sem se ver no espelho. Já imaginou? "Era uma experiência viver sem ficar constantemente preocupada com a própria imagem. Uma vida onde você podia fugir de si mesma", comentou numa entrevista à rede de TV americana ABC.

O mais legal é que, no dia de seu casamento, ela não se viu como noiva! "Eu direcionei o meu foco para o verdadeiro significado daquela data, que não era o meu visual, mas o fato de eu estar casando com o amor da minha vida", disse.

A primeira vez que se viu no espelho, depois de um ano, não foi fácil: "Eu me senti um pouco estranha, mas, ao mesmo tempo, foi prazeroso, porque eu estava feliz com o que via." Entende como a nossa relação com o espelho é muito embaçada? A imagem que estamos vendo — ou deixando de ver — muitas vezes não é quem realmente somos.

Quando você se olha no espelho, não está vendo só a sua imagem, a imagem que os outros veem. Aquele reflexo no espelho é o jeito que VOCÊ olha para VOCÊ. E aí eu te pergunto: **o jeito com que você se olha é o mesmo que usa ao olhar para alguém que você ama?** Que você considera bonita? Esse olhar para si mesma, e essa sensação que vem ao se observar, é a mesma sensação que você sente quando admira alguém, acha alguém bonito?

Quando chegar ao exercício, anote o que você sente ao se olhar no espelho. Se isso for gatilho para você e por acaso sentir vontade de se criticar, de apontar defeitos, ok. Anote esse sentimento, essa sensação, o que aconteceu. Se você não conseguir se olhar direito, ou só por 5 segundos, anote isso. Anote tudo.

Não é para você ficar se sentindo "toda errada" se por acaso não associar um bom sentimento à própria imagem. Pouco a pouco, você vai normalizando essas sensações e a sua imagem em paralelo. Porque muito do que você está vendo é o que você está SENTINDO. Você tem emoções, sensações, tem todas as regras de uma sociedade na cabeça dizendo que você não pode ser do jeito que é. Todos os xingamentos que te botaram para baixo, te machucaram... Você chegou até aqui.

Tudo isso é um desafio! Pode ser que ao se olhar no espelho seus olhos vão direto para o ponto que considera seu maior defeito, aquele de que já falaram, que já apontaram como "feio" ou "errado". É a barriga grande demais, a papada estranha, o cabelo que nunca sabe o que quer, o tamanho do quadril, a "falta" de bunda... Seu olhar está tão deturpado e embaçado por tudo isso que, sinceramente, acho difícil alguém conseguir ter uma noção objetiva sobre a própria imagem.

É sempre bom lembrar que o espelho reflete a nossa imagem invertida. Você penteia o cabelo para um lado, e ele parece virado para o outro. Por isso que até para fazer vídeo de mim achei estranho. Ver alguém pela câmera do celular não é a mesma coisa que ver alguém ao vivo, principalmente porque a câmera de selfie distorce bastante coisa. Quem usa GoPro, uma grande angular para selfie, sabe que entra muita luz, o que automaticamente deixa seu nariz mais largo e o rosto mais redondo. Não é à toa que cada vez mais gente procura fazer cirurgias plásticas para ficar bem na selfie, né? As pessoas querem se corrigir para mudar a forma como são vistas nas redes sociais.

EXERCÍCIO #2: APRENDENDO A SE OLHAR NO ESPELHO

Esse exercício é sobre autoimagem. Alerta de gatilho. Pode ser que você não queira fazer a tarefa agora. Não tem problema. Mas, quando puder, você vai precisar ir até o espelho e ler junto comigo enquanto se olha. Imagina minha voz.

Vai até o espelho. Um espelho de corpo inteiro se puder, grande; ao qual você tiver acesso, mas tenta ver seu corpo por completo. Tudo bem se você ficar de roupa, não tem problema. Mas, se quiser ver um pouco mais de pele, vai nessa, amiga. Se olha. Fique confortável, mas vá para a frente do espelho.

Pronto. Comece olhando para os seus olhos. Olha dentro dos seus olhos. Pode ser meio estranho quando você faz isso, pode ficar sem graça, ficar mal, ficar bem. Não sei, só quero que você sinta o que tiver que sentir agora. Mas sinta. Dá um oi para você mesma.

Olhe para o seu rosto, para as suas olheiras, para o formato do seu nariz, da sua boca. Como é o seu cabelo? Se quiser, toque o corpo enquanto faz isso. O cabelo... Perceba a textura, tudo que você já fez com ele...

Vá descendo e olhe para o seu pescoço, colo, para os seus seios, peitoral, seus ombros que aguentam tanto estresse. Observe seus braços, seu tronco, a barriga, o formato do seu umbigo. Sua cintura, seus flancos, seu quadril... Lembre-se de tudo que você já fez para mudar essas partes do seu corpo. Suas pernas, as coxas, a batata da perna, os pés, os dedos dos pés.

Vira de lado, veja você de lado. Tenta se olhar de costas, ver sua parte detrás um pouquinho, suas costas, sua bunda... Olhe por todos os ângulos que não está acostumada. Não é para tomar um "susto". É um momento totalmente seu, não tem nada de errado, é o seu corpo.

Perceba a pessoa que esteve com você em todos os momentos: foi você que sobreviveu a 100% dos seus piores dias. Você que teve força para superar todos aqueles momentos que nunca achou ser capaz de conseguir.

Você passou por tanta coisa com esse corpo.

É a sua história, é quem você é. É você, meuamô.

É o milagre da sua vida.

É você todinha.

Essa é você.

Pode ser que você tenha se olhado no espelho e pensado: "Nossa, então é assim que os outros me veem? É assim a minha imagem para os outros?" E eu te pergunto: se você se incomoda tanto com os olhares e a opinião dos outros sobre o seu corpo, qual a sua opinião se você mesma nem olha para ele? Ou quando olha, reproduz todo desafeto, cada crítica? Olha para você. Entende que ninguém poderia ter feito esse exercício se não fosse você?

Faça esse exercício de se observar TODOS OS DIAS. É isso que eu te peço. Você vai sentir a diferença, vai notar. Não tem um tempo específico para você ficar na frente do espelho. Apenas comece, mas repita. Até quando? Você vai saber a hora de parar. Isso é algo que só você vai saber.

Mas vamos acordar aqui um pouquinho: essa é a primeira vez que você está fazendo dessa forma, então, por favor, menos ansiedade. Entendo a vontade de mudar logo e fazer só coisas boas por si mesma, já que sempre fez o contrário, já que talvez não tenha lidado com essas questões ainda. Eu realmente entendo, sei como é a sensação de ter um bichinho te picando para você gritar aos quatro ventos um bom "dane-se" e ser feliz finalmenteee!

Lembre-se de que é você que está passando por esse processo. Não os outros. Os outros conhecem você, uma pessoa que fez de outra forma a vida inteira. Então não é em um dia que tudo vai se resolver, tanto para os outros quanto para você. Talvez nem em uma semana, um mês, ou até um ano ou mais... Se dê tempo. A verdade é que "tudo se resolver" é um destino que não existe, porque sempre haverá algo a ser feito, solucionado, trabalhado, questionado... Essa é a vida, meuamô!

Um ponto que vale ressaltar: esse exercício do espelho é para você começar a se conectar com o seu corpo físico, começar a ter consciência corporal, lembra? Falamos disso no capítulo anterior. Mas nada disso tem a ver com um movimento narcisista, ou seja: a pessoa só vê qualidades, se acha perfeita, incrível e a mais bonita de todas, numa grande egotrip narcisista. Não, nada disso. Sem paranoias, apenas permita-se fazer o que nunca havia feito.

> "Existe um mito de que pessoas fora do padrão são antissociais, quando na verdade só não querem passar por situações de desconforto físico e mental."
> @CaioRevela

EXERCÍCIO #3: COMA ALGO QUE VOCÊ NÃO SE PERMITE COMER HÁ MUITO TEMPO

Quem vive de dieta, ou já viveu, ainda lida com sequelas e pensamentos automáticos daquela época. Até hoje tenho mania de comer em prato de sobremesa para parecer que estou comendo muito. Vício de dieta. Hoje, eu tenho noção disso e, sinceramente, não consigo comer no prato grande porque não tenho noção da quantidade de comida. Sempre sobra. Como odeio desperdício, eu vivo numa boa assim. Mas eu não estou falando de uma sequela comportamental. Falo de algo ainda mais difícil de fazer: se permitir comer algo que você sempre se negou.

Por exemplo: se você não come batata frita há muito tempo, coma. Seja o que for, coma. Apenas se permita comer. Não é para comer até se empanturrar, não é para viver de batata frita. Apenas proporcione esse prazer ao seu corpo. Não é dia do lixo, é permissividade. É mostrar para si mesma que você PODE TUDO. Mas é você que escolhe quando, com que frequência, a quantidade... Entende? Você sempre pode tudo. E assim como eu enganava meu cérebro com o tal do prato pequeno, que tal desprogramar seu cérebro da noção de que ele "não pode" algo. Você pode tudo.

É importante que você e o seu corpo entendam isso. Quando você pode tudo, você só faz quando realmente quer. Não ache que vai ser uma orgia de batata frita eterna. Pode até durar dois dias INTEIROS. Mas acaba. Você entende que pode e acabou. O seu corpo PRECISA entender, principalmente depois de uma vida se restringindo. E quanto mais você vai vivendo o corpo livre, mais garimpa um *selflovecoin* (moeda do amor-próprio). Essa dica vem de nutricionistas que criaram a lógica da alimentação intuitiva e consciente.

Você vai enjoar de batata frita e seu corpo vai entender que PODE. Agora fica o alerta de sempre: caso você perceba que pode comer batata frita para sempre, vale a consulta com uma nutricionista comportamental para te ajudar no processo.

> ### Como ter uma alimentação saudável?
> ### Dica da Nutri Marcela Kotait
>
> Comer de maneira saudável, diferente do que muitas pessoas pensam, é levar em conta os aspectos psicológicos, emocionais, culturais, familiares, ambientais e, é claro, nutricionais dos alimentos.
>
> É comum a confusão entre comer bem e excluir grupos alimentares da rotina. As proibições de determinados alimentos e preocupação com a densidade energética deles piora a maneira com que se relaciona com a comida – comportamentos muito característicos das dietas e regimes.
>
> Comer de maneira verdadeiramente saudável significa comer bem e com prazer incondicional. Comer de tudo e de forma prazerosa.
>
> Além disso, é importante escutar os sinais que o corpo dá: os de fome e os de saciedade, importantes, mas muitas vezes negligenciados pela interferência do hábito de se fazer dieta. Restrições alimentares resultam na desconexão com esses sinais.

Recebo muitos comentários de pessoas falando coisas assim:

"Xanda, por que eu te acho bonita e me acho feia, mesmo com um corpo mais magro?" Às vezes a pessoa tem o corpo igual ao meu, sabe... É engraçado porque tem um lado muito bom nessa pergunta: significa que o seu olhar sobre outros corpos já está mudando. Mas como parar de se comparar com as pessoas e se sentir segura no próprio corpo?

Não existe um manual simples de como, do nada, não vai mais se importar com a opinião dos outros. Mas a primeira pergunta que eu te faço é: por que você se importa? A gente se importa com os outros porque fomos ensinadas assim. E passamos uma vida focada no olhar do outro, em ser digno de ser amado pelo outro e, óbvio, se comparando com o outro. E quanto mais para fora você olha, menos você se conhece. O que é bonito para você? O que é importante para você? Você se conhece e se reconhece?

É importante lembrar também que ninguém vai agradar todo mundo o tempo inteiro. Nunca vai existir uma unanimidade de opiniões. Mesmo que você se aceite e saia de casa de topinho e se ache perfeita desse jeito, vai ter gente que vai olhar torto, vai perguntar "porque você está usando isso". Infelizmente, é assim que acontece. Então a dica é simples: vai feia mesmo. Vai insegura mesmo. Faça as coisas sem transferir ao outro o comando da sua vida.

"Eu sei que a sociedade vê meu corpo como feio. Eu não quero que todo mundo ache meu corpo bonito como eu vejo ele. Eu quero que entendam que ser bonito não é a única razão de um corpo existir." @biancabarroca

Lidando com partes do corpo de outra forma

Minha bunda sempre foi reta, sem volume, com a "gordura no lugar errado", eu pensava. Eu tinha muita vergonha dela. Tinha vergonha de usar maiô ou biquíni mais "enfiado" porque achava que os outros iriam me ridicularizar por "valorizar o nada". Sempre falei que eu era "sem bunda". Evitava rebolar, evitava mostrar, desenvolver esse lado, sabe? "Não é para mim"; "Ah, eu sou desbundada"; "Hahaha, coitada de mim! Nem bunda eu tenho".

O que me deixava mais chateada é que sempre fui gorda, mas sem bunda. E pensava: "Poxa, pelo menos podia ter gordura num lugar mais adequado, né?"... E foi assim, há quase dez anos, que fiz uma lipoescultura e o médico meteu gordura na bunda. Só restou celulite mesmo. A verdade é que eu me autodepreciava, me diminuía, me odiava, fazia *body shaming* comigo mesma. Era a minha maior inimiga para evitar que os outros falassem. Essa sempre foi minha defesa contra tudo.

Hoje eu rebolo, brinco, danço, me divirto e boto a roupa que eu tiver vontade (a que me couber, lógico! Haha). E me exercito para soltar o quadril e rebolar ainda mais! Liberte sua bundinhaaaaa! Não tenha vergonha dela! Aprenda que rebolar é fácil! Use sua bundaaaaaaa! Você TEM BUNDA! Ela pode só não ser padrão! E não acredite na internet: ângulo muda TUDO!

EXERCÍCIO #4 LIDE COM UMA PARTE DO SEU CORPO DE FORMA POSITIVA

> Olhe para ela, analise, veja beleza em cada pedaço, sinta o cheiro, toque, sinta seu corpo e diga para ele "Eu te amo. Obrigada" toda vez que tocar. Isso pode te emocionar, mas seu corpo precisa dessa mensagem de carinho, vai por mim. Ele necessita de amor. Então dê amor para o seu bem mais precioso. Pode ser estranho no começo, você pode se sentir meio ridícula até. Mas o amor tem sentido? Sinta, viva, perceba seu corpo, o seu corpo. Você não vai achar essa parte linda e maravilhosa hoje e pode ser que nem nunca, mas aprender a lidar com ela é essencial para você seguir adiante. Esse é seu corpo, lindeza ♥

Comece a sorrir

Sabia que é um costume as modelos nunca sorrirem na passarela? Matéria da *Folha de S.Paulo* em 2016: modelo eslovaca Klara, de 18 anos diz sobre desfiles: "Quando caminho, penso em algo triste, como quando meu gato *morreu*." Qual o problema de sorrir na passarela? A ex-modelo Victoire Macon disse ter ouvido uma vez a recomendação: "Não se esqueçam nunca de que estão olhando para as roupas, não para *vocês*." Já a psicologia social traz a ideia: "*Sorrir* é uma forma de socializar e, se não sorrir, você acaba sendo inacessível." Produtos destinados a pessoas elitizadas não são vendidos com sorrisos! Você sabia disso? Qual sua relação com o seu sorriso?

Eu sempre era aquela garota que, quando via uma câmera, fazia um carão e NUNCA sorria. No máximo, um bico, uma cara mais sexy, mas nunca um sorrisão aberto, largo, superfeliz. Eu dizia que era porque eu não gostava. E não estava completamente errada; eu não gostava mesmo, mas... por quê?

Eu achava que meu rosto era a coisa mais bonita em mim e, se eu sorrisse, poderia parecer mais gorda, com o rosto mais largo. E mais... eu era feliz? Eu não era feliz. Meu processo de aceitação trouxe para mim uma nova perspectiva. Sim, eu posso ficar bonita de qualquer jeito, eu SOU bonita de qualquer jeito... inclusive sorrindo!

E foi natural que minhas fotos acompanhassem esse momento de descoberta. Se não tenho mais medo de parecer qualquer coisa, eu me SINTO LIVRE para ser quem eu sou. Descobri uma Alexandra que gosta, inclusive, de fazer careta, além de abrir um sorrisão superfeliz para qualquer foto. E não deixei o carão de lado!

A diferença é que hoje eu não me sinto presa à aparência ou ao que vão pensar de mim quando virem uma foto, porque não importa o que pensem, ou o que possam pensar, eu vivo a minha real beleza de uma forma saudável e sem pira.

Eu quero que você que tem vergonha de sorrir, seja por questões iguais às minhas ou a outras, relacionadas à possível imagem que você vai passar, pare e pense: por que eu não me sinto bonita com a minha própria felicidade? Faz essa reflexão e me conta aqui depois. Não tem nada mais bonito que ser feliz e transparecer, transbordar e se sentir plena ao ser quem você é! SEJA VOCÊ! SEJA LIVRE!

EXERCÍCIO #5: COMECE A SORRIR EM FOTOS

A ideia é começar a sorrir em fotos, para as pessoas, treine se olhar e sorrir; não é falso, é você se conhecendo e lidando com seu corpo. Pode ser que você se sinta ridícula. E está tudo bem. Nem sempre eu me acho bonita na foto, mas é tão eu. E não tem nada mais bonito que ser a gente mesma. E perceba seu sorriso para além das fotos também, no espelho, os espontâneos... Sorria, meuamô :D

Dica da PSI, por Beatriz Viana
COMO LIDAR COM O JULGAMENTO ALHEIO?

Todos nós sofremos com a opinião do outro. Temos medo de não agradar, de não sermos boas o suficiente. No entanto, essa insegurança muitas vezes nos atrapalha em momentos comuns de trabalho, lazer e até na convivência familiar. Neste texto, vamos apresentar estratégias para que você lide melhor com o julgamento externo.

O primeiro passo para aprender a lidar com a opinião alheia é você se conhecer. Através do autoconhecimento, você vai se tornar mais seguro quanto às próprias escolhas. A ofensa do outro só nos atinge se for sobre uma questão mal resolvida dentro de nós. Quando nos sentimos inseguros ou pouco familiarizados com algum assunto, aquilo se torna um ponto fraco.

Um outro ponto a ser analisado para lidar com críticas é a intenção dessa fala. Quem está falando contigo tem a intenção de te mostrar pontos de melhoria? Ou ela só quer te ofender? Se a fala não te edifica, não perca seu tempo, não dê um minuto de atenção. Se a crítica não for construtiva, ignore. Se a pessoa que está falando sobre você não te conhece bem, não compartilha com você um laço afetivo ou de confiança, a opinião dela não deve ter relevância.

No entanto, se duas ou mais pessoas que, de fato, te conhecem e nas quais você confia te fazem alguma crítica, nesse caso talvez você deva analisar essa opinião. Isso não se trata de um ataque, é o conselho de uma amiga. Uma chance de melhoria, e você vai observar se deve ou não mudar. Nós precisamos desse tipo de feedback vindo de quem confiamos.

Sempre seremos julgadas. Seja na internet, no trabalho, na nossa vida social. Vão nos criticar porque fizemos, porque não fizemos, porque fizemos demais ou de menos. Por isso, é tão importante nos conhecermos e saber discernir o que precisa ser escutado e o que não precisa de atenção.

Além disso, não permita que pessoas julguem outras na sua presença. Se você não quer que essa situação ocorra com você, não deixe que o mesmo aconteça com outros. Se posicione de maneira firme. Uma boa forma de parar esse tipo de comportamento é simplesmente elogiando a pessoa que está sendo atacada. Parece clichê, mas uma boa forma de interromper atitudes agressivas é demonstrando respeito e carinho. Não compactue com o desrespeito.

Preste sempre atenção nas pessoas e opiniões às quais você dá importância. Aquilo a que você dá atenção cresce!

EXERCÍCIO #6: DESAFIO DO DEFEITO X QUALIDADE

Você já sabe seus "defeitos" de cor, né? Sabe tudo, consegue fazer uma lista imensa agorinha. Pode fazer. Faça a lista de defeitos, não importa quantos: 2, 10, 20, 40... Escreva TUDO. Beleza. Agora o seu desafio, que não tem tempo para acabar nem quantidade de linhas para completar é: para cada defeito escrito, você precisa escrever uma qualidade. Ex.: não gosto do meu cabelo – acho meu sorriso bonito // não me acho legal – sou boa com matemática. Saca? Seu desafio é contrapor qualidades a cada defeito. Equilibrar essa conta é importante. Faça num caderno, faça dia após dia, vá buscando qualidades. Não se sinta mal se não conseguir preencher tudo na hora. Estamos começando a nos amar, certo? É um começo! Sei que isso gera ansiedade e, consequentemente, frustração. Mas é um processo. E te digo mais: continue escrevendo mesmo que o número de qualidades vá superando o de defeitos. É esse o ponto a que queremos chegar :)

Lembrando que a gente tem um conceito um pouco deturpado do que é "qualidade". Muitas vezes está associada à aparência física. Inclusive, aprendemos a receber elogios por partes do corpo. "Que boca linda", "Que cabelo lindo", "Suas pernas são bonitas". Tudo bem algumas partes do seu corpo se destacarem mais (muito provavelmente por ser uma parte próxima do padrão de beleza), mas isso não é uma qualidade. Pode até ser, do ponto de vista de quem só pensa em aparência, mas aqui vai uma lista de qualidades que você pode ter que vai além de um "rosto bonito" para te inspirar.

amiga, legal, honesta, simpática, carinhosa, amável, descolada, engraçada, animada, divertida, boa oratória, inteligente, delicada, sincera, companheira, cuidadosa, alegre, positiva, genial, boa ouvinte, altruísta, carismática, calma, solidária, tolerante, responsável, respeitadora, prestativa, produtiva, leal, humilde, íntegra, habilidosa, forte, fiel, empática, educada, dedicada, criativa, natural, verdadeira, persistente, sensata, organizada, paciente, tranquila, agradável, pontual, otimista, perseverante, independente, gentil, esforçada, corajosa, compreensiva, autêntica

A lista é gigantesca. Essas palavras servem de guia para você pensar além da sua forma corporal. Isso não é uma qualidade. Qualidade é sobre a pessoa que você é. Quem você é. Esse desafio vai fazer você se conhecer mais. Vai ser uma delícia. E você pode tanto listar palavras, como também frases a partir dessas palavras. Por exemplo, se você se considera determinada: "Sou determinada, vou atrás dos meus sonhos e faço acontecer". Entende?

EXERCÍCIO #7: PEÇA A 3 PESSOAS QUE LISTEM 5 QUALIDADES SUAS

Essa pode ser difícil no início – você pode ficar tímida –, mas tente pensar em três pessoas cuja opinião importa (isso é fundamental!), pessoas que querem seu bem, então peça para citarem cinco qualidades suas. Peça por mensagem mesmo, por áudio, não importa. O legal é você ver como os outros te enxergam positivamente (às vezes vão falar coisas das quais você nem fazia ideia), e isso pode ser um extra para sua poupança de amor-próprio. Para aqueles dias em que você não está se sentindo muito bem, no vermelho, sabe?, duvidando de si mesma. Daí você lê, escuta a lista.

Uma coisa muito importante neste exercício é você ter humildade e coragem para pedir ajuda a três pessoas, assim como também para saber receber elogios; é aprender que tem gente que vê coisas genuinamente boas em você e que se trata, sim, de você. São pessoas que realmente se importam com o seu bem-estar e te fazem bem, então, mais uma vez vale ressaltar: nunca peça isso para amigos tóxicos, pessoas em quem você não confia ou te fazem duvidar de si mesma.

EXERCÍCIO #8: TENTE COISAS NOVAS OU RE-TENTE COISAS DO PASSADO

Qual sua lembrança mais recente de fazer uma coisa pela primeira vez? Ninguém desafia a gente, né? Enquanto os homens são educados desde a infância a desenvolver esse lado aventureiro, confiante, corajoso, inteligente, as mulheres são, pelo contrário, desencorajadas a sair do papel imposto. Hoje, com o movimento de empoderamento feminino, as coisas tomaram um novo rumo... talvez em alguns anos a equidade de gênero até aconteça, mas será que a diferença no tratamento também? Será que vamos começar a criar pessoas livres, encorajadas, confiantes, com autoestima intelectual?

Muito do que nos aprisiona não tem a ver só com a nossa aparência, a nossa imagem. O controle passa pelo nosso comportamento também, fazendo com que as nossas escolhas talvez nem sejam tão nossas assim... E tudo isso tira de nós a possibilidade de nos sentirmos inteligentes. Então, que tal fugir das regrinhas e fazer algo novo pela primeira vez? Desafiar a si mesma aumenta sua autoestima intelectual. Mulheres ainda duvidam muito das suas capacidades intelectuais e isso é um enorme empecilho profissional.

Como vencer a insegurança?

A nossa baixa autoestima intelectual é tão fortemente endossada e condicionada que está presente em todas as fases da vida. A mulher confiante existe há quanto tempo? Qual sua primeira referência de uma mulher confiante? Parei para pensar nisso enquanto escrevia este capítulo, e não lembrei de imediato. O que me veio à mente agora foi uma menina do meu colégio, que era superpopular, desejada e eu queria ser como ela. Mas isso não é confiança, né? Isso são os outros depositando confiança nela. A gente sempre pensa no externo primeiro, por que será? Bom. Dormi, acordei, voltei aqui para escrever e lembrei: a primeira mulher confiante, que não ligava para nada, ninguém, que falava e agia como queria, que era ela mesma e foda-se foi minha amiga Raquel Brandão. Só me recordo dela, a primeira mulher. Eu tinha 23 anos quando conheci a Kekel, e ela me assustou. Ela parecia (e parece mesmo) comigo em vários níveis, mas ela tinha um jeito de falar, de ser o centro das atenções, sem medo, de aparecer... E quando a conheci, eu morria de medo de falar em público. Sempre falei entre amigos, mas em público... Menina, eu me tremia inteira. E eu sinto, no caso tenho certeza, de que a nossa amizade me trouxe um grande exemplo de confiança, de liberdade com quem se é. Te amo, amiga.

Tooodo esse textão para te fazer pensar. Qual sua primeira referência? Te pergunto isso porque as mulheres sempre foram desencorajadas a se mostrar confiantes. É uma característica bem masculina, bem "lugar de fala dos homens", haha, no pensamento coletivo. Quem encoraja a confiança numa menina? Quem vê isso como uma característica positiva em vez de pensar "Hmmm, ela pode se ferir", "Aonde ela acha que vai com esse jeito?"... Meninas são meigas, delicadas e frágeis, lembra? Me poupe. Mas, basicamente, as coisas funcionam assim e é mais um padrão de feminilidade tóxico a ser quebrado.

Tem uma pesquisa que mostra que, aos 7 anos, a autoestima intelectual das meninas começa a cair em comparação com a dos meninos. Por que isso acontece? Brinquedos estimulam meninos a serem corajosos, fortes, aventureiros, e para as meninas resta ser o quê? BONITA.[42]

Então mete a cara, garota. Vai lá e faz. Tenta! No máximo, você vai descobrir que o que você tentou não era para você e, de quebra, vai ter história pra contar. Se joga!

Exercite-se por amar ao seu corpo, não por odiá-lo.

Desde pequena, comecei a fazer esportes, não para emagrecer, mas porque sempre curti mesmo. Natação, basquete, handball, vôlei... Fiz de tudo, fui escolhendo o que mais gostava, fiquei mais na natação e no handball, e isso levou anos. Sempre fui fã de esportes coletivos, curto muito o clima competitivo... Mas, quando emagrecer se tornou o objetivo da minha vida, nem sempre o esporte foi algo saudável para mim. Quando associado ao fato de que meu corpo deveria diminuir, mudar, eu simplesmente esperava por uma mudança que jamais chegava (vocês conhecem essa história), mesmo eu me exercitando, mesmo eu sendo eleita capitã do time, a melhor, sendo cobiçada por todos... Meu corpo não era de atleta. Não fazia muito sentido.

Depois que eu parei com os esportes, por volta dos 17 anos, exercício físico se tornou única e exclusivamente uma atividade focada no emagrecimento. Tudo que eu fazia tinha um resultado específico em mente, não era porque eu achava legal ou curtia. Cada movimento, cada exercício era pensado para o dia em que eu tivesse o corpo perfeito e não precisasse mais fazer aquilo tudo. Hahahaha! Mal sabia eu que teria que levar essa vida que eu odiava para sempre a fim de manter o tão esperado corpo perfeito, né, mores? Mas a gente esquece disso, o foco, a força e a fé é só na barriga tanquinho mesmo. O depois ninguém pensa, deixa para lidar na hora que acontecer... e essa hora nunca chega.

Hoje eu tenho uma relação completamente diferente com exercícios físicos, mas sobre esse assunto vamos conversar mais para a frente. Foca aqui:

EXERCÍCIO #9: COMECE A SE EXERCITAR POR AMOR!

Quero que neste exercício você liste as atividades que você não faria de jeito nenhum e outras que você gostaria de fazer. Coloque o porquê de cada uma. Olhe para a lista das aprovadas, pare e pense: por que não experimentou ainda? Posso colocar um vídeo de uma aula de fit dance na minha sala? Vá dando check nas suas experiências. A lista do que não quer fazer, você guarda para toda vez que sentir o desejo de se matricular, por exemplo, no crossfit, porque sua amiga falou que era bom (mas você odeia). Quero mesmo fazer? Pega a lista e reflita. E que tal começar a colocar em prática o que você gostaria de fazer? Um dia de cada vez você pode conquistar mais qualidade de vida e bem-estar de uma forma bem gostosinha e divertida!

Dica da personal Ingrid Sayuri: Como sair do sedentarismo?

O mais importante é começar pelos motivos certos, diria que para iniciar e se manter praticando exercício, a pessoa precisa ser sincera e descobrir o que gosta de praticar. Hoje em dia as academias e os grupos de corrida estão mais em alta por serem acessíveis e pela ideia de que fazem a pessoa ficar mais perto do padrão; como eu comentei, se o objetivo for esse, será difícil se manter no programa, eu sugiro que se façam algumas perguntas como: Eu sou uma pessoa mais introvertida ou extrovertida? Eu sou muito competitiva? Gosto de estar/trabalhar em grupo? Sou explosiva?

Quando você tiver essas respostas, será bem mais fácil encontrar o seu tipo de exercício; enquanto isso, experimente caminhar, vá experimentando o que te chama atenção, deu vontade de dançar, de nadar, de meditar, de correr, de levantar peso, de fazer força, de lutar, enfim deu vontade, vá!

Em todos os lugares existem aulas experimentais, teste mais de um lugar para conhecer o ambiente, para encontrar a "vibe" que combine mais com a sua. Eu garanto que, do yoga ao halterofilismo, cada um encontra o "seu quadrado", pois são muitas possibilidades de esportes e práticas além da corrida e da academia. E sempre há a possibilidade de chamar uma amiga, uma prima, a pessoa companheira, e dar uma volta no parque, faça pequenos desafios ao longo do tempo.

> Corra um minuto, ande cinco; depois corra um, ande três, e aí corra um e meio e ande quatro; vá descobrindo a sua capacidade cardíaca, não se cobre, mas comemore cada conquista. Termine o próximo trimestre correndo cinco minutos direto.
>
> Apenas lembre-se: tenha sempre a orientação de um professor, cada pessoa é única, não existe receita geral, vá se descobrir.

EXERCÍCIO #10: OLHE PARA A HISTÓRIA DO SEU CORPO

Depois de começar a ter mais contato consigo mesma, vou te sugerir olhar para a sua história, a história do seu corpo. Como você vai fazer isso? Procure fotos antigas, desde criança, adolescente... Vá vendo como você era, marquinhas que sempre estiveram presentes, seu jeitinho. Olha para a pequena fulaninha que você era.

Você se lembra da primeira vez que começou a se odiar? Comigo foi aos 9 anos, quando entendi que ser gorda era errado. Depois dessa idade, minhas fotos foram mudando. Escondia meu corpo, algo que nunca fazia; não usava com tanta frequência roupas de banho, e eu vivia na piscina e na praia; deixei de sorrir, o meu sorriso era sempre extremamente forçado e irônico.

Quem disse que você não pode se sentir como uma criança novamente? Que se ama livremente? Você pode, meu bem! Você já sentiu isso. É só percorrer um caminho para resgatar esse sentimento e saber chegar a esse lugar mais rápido, saca? Você consegue! Eu te ajudo :)

Estude as fotos das pessoas da sua família: seus pais, seus avós, seus tios, primos... Como é o corpo deles? Qual o biotipo da sua família? Todo mundo tem quadril largo? Barriga grande? Como é a história do corpo da sua família? Tente ficar de olho na sua mãe, como era a relação dela com o corpo quando criança, ouça a história... Tente entender o que as pessoas da sua família já viveram e vivem. Tente observá-las sem seus papéis de pais, irmãs, avós... Mas como seres humanos que também vivem insatisfeitas com seu corpo. Já parou para pensar?

Será que existe algo que você acha feio em você e que sua irmã também desgosta no próprio corpo? Genética, talvez?

Sabe aquela frase que muita gente fala de forma solta? "Seja a protagonista da sua própria história?" Ela realmente é boa demais, porque aceitação é, de fato, ser a pessoa mais importante da sua vida. É a sua vida, é sua! É o seu corpo, a sua história. São as suas decisões. É você. Agora o foco é em você!

Repita quantas vezes forem necessárias: Eu (entra aqui seu nome) prometo dedicar tempo e atenção somente a mim mesma. Sou a protagonista da minha vida!

A importância da rede de apoio

O patriarcado ama transformar mulheres em rivais, e já falamos disso algumas vezes neste livro. Não é à toa que temos muitas dificuldades em nos livrar da tendência de competir com a outra, de querer ser melhor, de pensar: "Que vagabunda!" Somos fruto do machismo e o reproduzimos com a maior facilidade. Infelizmente, isso ainda é normal. Estamos desconstruindo esse comportamento passo a passo, ao longo dos anos. Não se culpe se o mesmo ainda acontece com você.

Maaaaas podemos combater a rivalidade feminina. Primeiro, entendendo como ela rola (eu escrevi lá no começo, lembra?), depois aqui, contextualizando, sendo empática e olhando por outro ângulo. Existe mulher mau-caráter, com más intenções etc.? Óbvio que existe! Mas os homens são historicamente os opressores, então parta sempre desse princípio: as mulheres sempre foram apagadas, objetificadas e diminuídas. Ouça a história de uma mulher. Ouça novamente. Apenas escute. Apenas respeite, assim como respeitam as histórias dos homens.

(Perdoar e compreender nossas mães também ajuda. Muitas vezes, a rivalidade começa em casa, com mães e irmãs, então se colocar no lugar delas, com as opções que elas tinham na época, ajuda muito a perdoá-las e a nos perdoar.)

Bom, eu dei uma série de tapinhas na cara, mas foi só para uma acordada de leve. Na real, a gente só precisa baixar a guarda, entender que estamos todas no mesmo barco (algumas mulheres com melhores lugares no barco, essa é a verdade, em se tratando de recortes de raça, classe, gênero, sexualidade, corpo), mas é o mesmo barco. Unidas somos fodas. Nós somos incríveis. Basta ver toda a história da humanidade: os homens se uniram e criaram guerras, tragédias, misérias. Como seria a história se nós fôssemos as protagonistas? E como será se a gente começar a nos juntar desde já?

Faz TODA a diferença a convivência com outras mulheres. Principalmente, quando se fala de aceitação, de criar uma rede de apoio, de formar uma verdadeira bolha de pessoas que até discordam de você, mas sabem que estão no mesmo barco e querem lutar juntas.

EXERCÍCIO #11: CRIE UMA REDE DE APOIO

Dito tudo isto, bora começar uma rede de apoio? Primeiro perceba as pessoas que já estão em sua vida e você gosta, pode contar, quer estar perto. Depois, e se quiser novas amizades, procure grupos de interesses em comum, como um curso, um esporte coletivo, uma atividade artística, e vá encontrando pessoas... Ter apoio é importante e todas queremos! Acredite nas pessoas, nas amizades, nas relações verdadeiras. Elas existem e vão te ajudar nesse processo ♥

Voltando ao básico

Muitas pessoas, muitas pessoas MESMO, comentam nas minhas postagens, fazendo o mesmo tipo de pergunta: como saber se algo que eu quero mudar no meu corpo é uma vontade minha ou foi algo socialmente criado em mim? Bom, para chegarmos lá, precisamos voltar ao básico.

O que é básico na sua vida? Do que você precisa para se manter VIVA? Te falam tanto para ser magra e dão mil dicas de como conseguir seu objetivo, mas ninguém te ajuda a se manter viva, com o que você realmente necessita. Faça essa reflexão. Responda as seguintes perguntas:
- Você precisa de uma cintura fina para se manter viva?
- Você precisa de silicone nos peitos para se manter viva?
- Você necessita fazer uma harmonização facial para que seus órgãos funcionem perfeitamente?
- Você precisa ter um corpo totalmente definido?

Se você respondeu "sim" a alguma dessas perguntas, volte um livro. Hahaha, brincadeira, mas, a não ser que você seja fisiculturista, atleta ou modelo, você não precisa de nada disso para se manter viva. Fica aí a notícia.

Brincadeiras à parte, você precisa de coisas muito simples para se manter viva, como:
- respirar
- beber água
- nutrientes
- exercícios
- uma boa noite de sono

E talvez sejam todas essas coisas que você não está fazendo para o seu próprio bem, em busca de uma boca maior, ou uma cintura extremamente fina. A pergunta que você tem que se fazer é: Para quê? Por quê? Como isso vai me fazer bem? Sabe? Do que você precisa?

EXERCÍCIO #12: CONECTE-SE COM O BÁSICO ANTES DE TUDO

Depois de refletir sobre suas reais vontades, que tal começar a mudança se conectando com as coisas básicas da sua vida? Coloque como meta ter uma noite de sono agradável e tranquila, beber água numa quantidade que te deixe hidratada, praticar atividades físicas para manter seu corpo em movimento, lubrificado e feliz, meditar... Tudo isso vai fazer você se conectar com seu corpo físico e dar a ele prazer nas coisas simples, porém essenciais da vida.

Sua amiga pode ser bonita, e você também!

Você e a sua amiga podem ser bonitas juntas. A beleza da sua amiga não anula a sua. Não ache que ela é mais interessante ou mais bonita, ela pode ser mais padrão, mas ela ser qualquer coisa não anula em nada a pessoa que você é, a beleza que você tem. Se você não vê beleza em si mesma ainda, muito provavelmente está se olhando com o olhar deturpado do patriarcado que quer que você seja diferente do que é.

Quer emagrecer? Quer engordar? Quer botar coisa, quer tirar coisa? Não tem problema! Só pensa: Por quê? Para quê? Para quem que eu estou fazendo isso? É para mim? Eu vou me sentir melhor?

A sociedade é tão gordofóbica, exerce uma pressão estética tão grande em cima da mulher, que ela se esquece de qualquer outra coisa e bota a vida em segundo plano, seja aprender uma língua, se aprimorar na carreira, fazer um curso, porque o plano A, o plano primário é ser bonita, é ter o corpo bonito. Depois que obter o corpo bonito, você vai atrás das outras coisas, porque exige muito tempo, dinheiro e dedicação para ter um corpo considerado padrão, né? E isso para quem? Todo mundo vê problema no corpo de todo mundo, então pensa nisso, começa a se questionar, você só tem que parar e pensar por que acha aquela pessoa tão bonita, mas se acha feia? E se trocar os lugares que frequenta? E se mudar as pessoas com quem anda? E se parar de seguir aquelas pessoas que te geram insatisfação?

Faça isso. Vá treinando seu olhar, vai fazendo um feed inspirador e, pouco a pouco, você vai conseguir ver beleza em si mesma e se normalizar, normalizar a sua beleza. Veja pessoas que se parecem com você, siga pessoas que se parecem com você. Mesmo que você ache feio, vá mudando o seu olhar e você vai, pouco a pouco, entendendo que pode se sentir bonita. Você vai normalizar a sua aparência, a sua vida, o seu tipo de cabelo, o tamanho do seu nariz, a cor da sua pele. Você vai começar a normalizar tudo isso, porque se você não pode ver, você não pode ser. E que bom que na internet tem tanta gente que se mostra para você, então você vê e pode ser.

Em vez de ficar com raiva da sua amiga porque ela é mais bonita do que você, ou porque você acha isso, fala com ela, enalteça o que acha bonito na amiga. E tenho certeza de que ela vai fazer o mesmo em troca, e, se ela não fizer, manda esse trecho para ela. Fala assim: "Amiga, vamos nos enaltecer juntas? Vamos ser bonita juntas?"

EXERCÍCIO #13: ENXERGUE ALÉM DA BELEZA NA SUA AMIGA

Agora, ponha em prática: perceba o que tem de mais bonito na sua amiga e reflita por que você vê beleza nisso. Enxergar beleza nos outros é maravilhoso! Mas tente ir além da aparência! Liste três qualidades que tenham a ver com o que você mais gosta na sua amiga. É gostoso perceber que as pessoas ao nosso redor são boas para a gente e para o mundo, né?

Dica para dias de ansiedade extrema

Convidei minha irmã, Beatriz Vianna, psicóloga especialista em ansiedade — e que também vive com ansiedade — para elaborar um plano de 24 horas para dias em que a ansiedade está extrema. Se liga que esses passos podem te ajudar a voltar ao equilíbrio.

1) Não finja que nada está acontecendo
Se você está ansiosa, ok. Vamos lidar com essa ansiedade. Fingir que não é nada, muitas vezes por medo ou vergonha, não te ajuda a sair dessa. Acumular ansiedade não faz bem, porque chega uma hora que você explode, e é ainda pior.

2) Pare e perceba onde está
Olhe ao seu redor. Avalie o cenário. Onde você está? Com quem? Ex.: estou num jantar com amigos, no ônibus indo para a escola, no avião sem nenhum conhecido, na mesa de trabalho, na aula da faculdade...

3) Sinta e localize

Agora que você já sabe onde e com quem está, faça um exercício de olhar ao redor e tente localizar:

- 5 coisas que possam ser vistas (ex.: parede azul, cadeira, celular), descreva-as mentalmente;
- 4 coisas que possam ser tocadas (ex.: minha pele, a mesa, outra pessoa);
- 3 coisas que possam ser ouvidas (ex.: o barulho do carro, a voz de outra pessoa);
- 2 coisas que possam ser cheiradas (seu cheiro, o cheiro do ambiente, cheiro dentro da sua bolsa);
- 1 coisa que possa ser degustada (água, comida).

Focar nos seus sentidos te traz para o presente!

4) Respire lentamente

A respiração diafragmática, ou seja, aquela em que você respira "pela barriga", inflando o abdômen, te relaxa. Então, tenta se concentrar na sua respiração, nem que seja por um minuto.

Inspira contando até 4, prende a respiração contando até 3, e solta contando até 4. É uma sugestão! Não precisa sair do lugar para isso, é só respirar, algo que você sempre fez :)

5) Organize seus pensamentos

Esse pensamento, esse desfecho é real? Concreto? Tem fundamento para que realmente aconteça? Ex.: você está num show e de repente se sentiu muito mal, achando que vai ser esmagada. Tem fundamento esse pensamento? Faz sentido? Tente anotar no bloco de notas ou num papel o que você está pensando. Nem que seja em tópicos. Ex.: apresentar trabalho, falar em público, medo, vergonha, sou burra.

6) Crie um pensamento alternativo

Você concorda que, se o seu pensamento não for algo concreto, não tem por que pensar, certo? Que tal criar um outro pensamento lidando com a realidade? Ex.: se eu vou apresentar um trabalho em público e eu estudei, vou apresentar assim como todos os meus amigos que farão o mesmo. Todos estão passando por isso, eu nunca apresentei. Não tem por que eu paralisar (isso é um pensamento racional sobre a situação).

7) Faça uma atividade simples

Escolha qualquer atividade simples que te faz bem. Por exemplo: assistir a vídeos de bichos fofos, ouvir uma música que você ama, tomar um banho, passar maquiagem, se alongar, caminhar, passear no parque, brincar com seu animal de estimação, falar com sua melhor amiga...

8) Converse com alguém

Se você se sentir à vontade, converse com alguém próximo sobre um assunto bobo, puxa um papo ou peça ajuda. Ex.: Amiga, tô numa situação chata aqui, me ajuda a não pirar?

Ressaltando que essas dicas não substituem uma consulta com um psicólogo. Procure ajuda profissional caso sofra de ansiedade com muita frequência, intensidade, se isso te faz sofrer e paralisar. Principalmente se isso acontece por mais de seis meses!

Como fazer fotos de si mesma e GOSTAR DELAS

A gente sabe que fazer foto não é algo simples, mas que tal começar testando algumas dicas para fazer com que fiquem ainda mais legais e, assim, você gostar MESMO delas? Então se liga em sete truques bem maneiros!

1) Representatividade é tudo mesmo! Busque referências de corpos reais de pessoas que curtem fazer fotos, e inspire-se nas poses, no jeito com que tiram fotos... Comece a reparar no que você gosta e tenha ideias legais para fotos.

2) Pense na iluminação do local onde você está para que a foto fique legal. Uma dica é aproveitar a luz do dia: se você tem um janelão, por exemplo, a luz natural é a melhor possível. Ou seja: a luz está à sua frente, não atrás! Se for à noite, usa o flash, vai para um lugar iluminado, o lance é conseguir ver você. Não é legal ficar de costas para o local mais iluminado, a não ser que você queira uma fotinha conceitual.

3) Esteja confortável. Separe um lookinho que você curta, ou só uma camisa/top legal (se for só a parte de cima do tronco). Passa uma maquiagem — se quiser —, ajeita o cabelo de um jeito que você gosta e pose para o espelho. Ah, você pode tentar imitar a pose de algumas das suas referências. Já é um bom começo até você desenvolver as próprias poses.

4) Reproduzir poses é legal pra você ir testando e ousando, mas não coloque regras! Não tem que ser profissional, tem que rolar o que você está a fim de fazer!

5) Esqueça o que você acha que dá certo: se você quer fazer um novo tipo de foto e se arriscar, deixe pra lá todas as outras poses às quais você está acostumada. Não sorri nunca? Testa um sorriso. A ideia aqui é fazer algo novo por você mesma.

6) Faça a foto. O ideal é começar fazendo sozinha, pois é um momento seu consigo mesma, de descoberta. É muito mais do

que uma foto, é uma experiência de autoconhecimento agregada. Então faça a foto que estiver a fim de fazer. O celular tem aquele botãozinho de timer pra te ajudar a fotografar sozinha!

7) Pode ser que você não tenha gostado de nenhuma foto. Quer saber? A gente passou a vida toda rodeada de imagens de corpos padrão, magreza excessiva, tudo dizendo para você ser diferente do que é, certo? Então não se culpe nem se cobre. Guarde essas imagens, olhe-as com frequência, fica com elas, não apaga. A ideia, na real, não é que você poste, mas que você se permita trabalhar a própria imagem e ver beleza em você.

Aproveita. Se joga! Tenta, faz várias fotos, guarda, mas cria esse processo com você! Eu achava o meu sorriso horrível e hoje nem sei mais fazer carão direito. Amo sorrir em fotos! Testa, meuamô, e me conta. E se for postar, marca #CorpoLivre #ComeceAseAMAR pra eu ver!

Guia simples para usar um biquíni sem vergonha do corpo

A gente não usa biquíni numa situação CHATA. Quando usamos biquíni, é para a gente se DIVERTIR! Por isso, esse momento deve ser leve e você precisa estar à vontade. Vou deixar aqui um guia para você se aventurar, caso ainda sinta esse processo como algo complicado. Na época que lancei essas dicas o post viralizou de uma forma tamanha que me levou ao *Fantástico* para falar do assunto.

1) Compre um biquíni. Dê preferência aos modelos confortáveis.

2) Comece a usar o biquíni em casa, se olhe no espelho, veja como se sente, tire fotos. Acostume-se com ele.

3) Siga pessoas reais, que vivem o #CorpoLivre, usam biquíni e podem te ajudar no processo.

4) Pare de seguir pessoas que propagam um padrão de beleza inalcançável, produtos de emagrecimento...

5) Comece a usar biquíni com pessoas em quem você confia, se sente bem e que estão nessa contigo.

6) Se você não se sentir confortável, use maiô, roupa, tanto faz: só comece a se permitir estar nesses ambientes.

7) Experimente usar biquíni em lugares públicos em época de baixa temporada, assim você vai treinando.

8) Comece a normalizar o uso do biquíni, frequente lugares para usá-lo e esteja sempre com sua rede de apoio.

9) Curta o seu corpo, beba água, não passe calor, aproveite o sol, use filtro solar e permita-se viver seu #CorpoLivre.

Pare de praticar *body shaming*

Quer saber se algo falado ou postado é ofensivo? Faça o exercício de mudar o sujeito da frase para o oposto. Por exemplo: quer saber se pode comemorar a perda de peso da amiguinha e comentar? Pensa: você celebraria o fato de que ela engordou? Provavelmente não, né? Acharia desrespeitoso? Então, por que dizer que está mais magra é tido como certo, entende? E o tanto que o comentário desrespeita outras pessoas que estão ouvindo e não se enquadram?

Eu, por exemplo, já "elogiei" a perda de peso de uma pessoa com câncer — motivo da perda de peso —, mas eu não fazia ideia e achei que estava arrasando. Estou falando sobre elogio aqui, mas a mesma lógica se aplica a comentários. Em vez de comentar a aparência da pessoa, tente ir além e falar sobre aspectos mais profundos. Muitas vezes falta vocabulário mesmo. E existe uma certa preguiça. Aproveita as características do exercício da qualidade *versus* defeito para aumentar esse leque de palavras.

Uma outra dica muito certeira é ficar calada. Lembre-se de que é uma opção também, muitas vezes uma necessidade. Quantas vezes eu não quis fazer um comentário maldoso e apenas evitei? Gente... Várias. Várias mesmo. Até hoje eu tenho mania de comentar algo sobre a aparência de alguém na televisão. Geralmente algo "feio". Sempre percebo o que estou fazendo na hora, e paro de falar. Eu me sinto péssima, mas segue o baile. É um dia de cada vez. Não é fácil. Por isso eu digo: treine ficar calada. Falamos mais do que imaginamos e, principalmente, do que precisamos.

Aconteceu comigo recentemente: eu vi uma foto e achei a pessoa "feia". Não considerei bonita a partir do meu olhar. E fiquei indignada com o fato de várias pessoas acharem aquilo bonito... Sim, eu! Eu mesma, queridah! Minha vontade era printar e mandar para minha amiga no WhatsApp com a seguinte pergunta: "Como podem achar isso bonito?" Juro, estou sendo 100% honesta com você. Todo o episódio durou dez segundos.

Quando dei por mim, pensei: "O que você está fazendo, Alexandra?" E não mandei print nenhum, não comentei com ninguém e apenas pensei como a desconstrução do *body shaming* é algo extremamente difícil. Passo a passo você vai desconstruindo a prática, não fazendo com os outros o que não quer que façam com você, entende? Mas não se assuste, é realmente um processo.

Para evitar a prática do *body shaming*, é necessário fazer o exercício de parar de comentar sobre o corpo do outro. Sim, a única coisa que você precisa fazer para combater o hábito é valorizar o próprio silêncio. Pense em como esse comentário pode atingir o outro negativamente e, na dúvida, não fale nada.

Por mais que você esteja num momento de desconstrução e de aceitação do próprio corpo, você pode estar cedendo ao erro de praticar o *body shaming*. Portanto, é importante que você observe suas falas, entendendo sempre que o corpo do outro não é domínio público. Não justifique como curiosidade o seu julgamento sobre a aparência do próximo. Não se deve questionar nenhuma característica ou mesmo mudanças do corpo de outra pessoa.

A gente vai além! Mas como? A gente simplesmente muda as nossas práticas. Como é que você evita o *body shaming*? Evita falar do corpo do outro, comentar sobre o corpo do outro. Positiva ou negativamente.

"Ah, essa barriga está perfeita", então a barriga da outra não é perfeita? Você acha horrível? Não comenta. Não fala. O melhor é você evitar falar. Quando você evita falar, já está contribuindo para a sociedade ao se calar. Entendeu? Boquinha fechada não tem problema. Você pode ainda pensar um monte de besteiras, é difícil mudar o pensamento. Eu sei!

EXERCÍCIO EXTRA: COMO RECONHECER UMA AMIZADE TÓXICA?

O exercício é bem simples: pega um caderno ou um bloco de notas e responda essas perguntas sobre pessoas que fazem parte do seu círculo social, que você considera suas amigas. Você sabe quais são as pessoas que você quer avaliar. Vai desde a melhor amiga até aquela pessoa de intenções duvidosas, mas de quem você gosta.

- Somos amigas? Considero ela amiga? Ela me considera amiga?
- Qual a última lembrança feliz que tenho dela? Lembro a data? Como foi?
- Como me sinto quando converso com ela? Ela me deixa bem comigo mesma ou pior?

- Ela me ajuda, me escuta ou só me procura para falar dela e dos outros? Ela tem interesse na minha vida? Eu tenho interesse na vida dela?

- Posso falar sobre tudo e ser 100% verdadeira com ela? O que não posso falar? Do que mais gosto de conversar com ela?

- Qual o papel dela na minha vida?

- Qual papel EU ocupo na vida dela?

- O que ela pensa de mim?

Pode ser que você tenha percebido que algumas pessoas não são tão legais assim com você, outras que não valorizava tanto e sempre estiveram ali... A ideia não é ficar sem amigos e achar que todo mundo ao seu redor é tóxico, mas entender que nem toda amizade é saudável e pode, sim, ser abusiva com você. Impedir que você continue, vá em frente, te puxando pra baixo. Então identificar já é o primeiro passo. Analise, converse, veja quem realmente faz sentido manter em sua vida.

Crie um ambiente totalmente protetor para você

A gente já falou no início do livro como as redes sociais podem ser tóxicas, então o que podemos fazer para ter uma relação saudável com elas? Como partir delas para uma vida mais leve? Para começar, eu vou te dar uma lista de seis ideias a fim de tornar o seu espaço um ambiente mais acolhedor.

1) Verifique se seu feed está cheio de fotos inspiradoras e que fazem você se sentir bem. Não está? Senta o dedo no unfollow sem medo!

2) Recebe muita mensagem de aplicativo e seu celular vibra toda hora? Desabilite a função e pare de checar o tempo todo.

3) Seus familiares e amigos fazem você se sentir bem ou mal? Identifique e decida a quantidade de energia que você quer desprender para lidar com eles. Se não puder se afastar, se proteja reforçando os laços com as pessoas que te dão amor.

4) Leia, siga e se interesse por mulheres que fizeram diferença no mundo! As inspirações são sempre motivadoras.

5) Se alimente e se exercite com consciência, respeitando seu corpo, seus limites e suas vontades.

6) Converse, se abra e se entenda! Se procurar um psicólogo nesse momento é complicado para você, comece conversando mais com as pessoas em quem confia e que não vão te julgar.

5 motivos para não fazer cirurgia plástica (ou pensar 2 vezes antes)

Aposto que muita gente tem vários motivos na ponta da língua para fazer uma cirurgia plástica. Seja por insatisfação com o próprio corpo, seja por inseguranças criadas a partir dessas insatisfações, ou até mesmo para ser aceita e agradar mais os olhos de outras pessoas. Mas e para não fazer?
    Se estamos tão insatisfeitas ao ponto de sermos as que mais se submetem a isso, será que temos bagagem suficiente para ir contra a maré? Aqui vamos refletir e trazer 5 motivos para você não entrar em um centro cirúrgico sem antes pensar duas vezes (ou mais!).

1) A vontade às vezes é mais forte que a razão
Se você quer fazer uma cirurgia plástica simplesmente porque você quer e você não tem nenhuma resposta que vá além dessa vontade... Vale a pena pensar mais um pouco. De onde essa vontade veio? Ela é realmente minha? Há quanto tempo eu tenho ela? Já questionei isso com outras pessoas, já levei para a terapia? Procure em você motivos racionais que ajudem a entender melhor as suas vontades. É importante ter certeza de não ir ao encontro de uma intervenção cirúrgica movida apenas pela emoção.

2) O que serve para alguém, não necessariamente serve para você
Se você quer fazer uma cirurgia plástica porque alguém fez e ficou bom... Vale lembrar o óbvio: cada corpo é um corpo e o que funciona para alguém não necessariamente vai funcionar para você. Quem é essa pessoa que fez? O corpo dela é parecido com o seu? E a saúde mental dela, o histórico familiar, você sabe tudo sobre essa pessoa? Sabe quem foi o médico, as certificações dele? Por mais parecido que a gente seja com alguém somos seres únicos e diferentes!

3) É agressivo para o seu corpo
Se você acha que vale tudo por um corpo perfeito inclusive entrar na faca e que "no pain, no gain"... Vale refletir sobre o quanto é invasivo tirar, cortar, abrir ou colocar coisas no seu corpo. Já pensou como faz parte da nossa cultura o padrão de beleza ser dolorido, sofrido, suado demais alcançar? Você quer permanecer nesse ciclo de dor e literalmente agredir seu corpo em uma mesa de cirurgia?

4) Não vai fazer você se aceitar imediatamente
Se você acha que depois de passar por um procedimento cirúrgico você vai imediatamente se aceitar... sentimos informar que isso pode não acontecer. Já imaginou você se olhar todo dia de

uma forma e de um dia para o outro você estar diferente? Como o seu cérebro irá se comportar? Você acha que está preparada pra isso? Converse com o máximo de pessoas que fizeram e escute suas histórias.

5) Custa caro
Se você acha que vale desembolsar todas as suas economias, fazer empréstimo, pegar dinheiro emprestado com Deus e o mundo para entrar num centro cirúrgico... Vale fazer umas contas e entender tudo que esse investimento pode proporcionar para você se ele for realocado em outra coisa. Já pensou o que você poderia fazer com todos esses cifrões? Quais sonhos e realizações conseguiria alcançar a curto, médio e longo prazo? Mesmo consciente que a indústria da beleza fatura bilhões de dólares ao ano, ainda sim acha que deve permanecer fazendo essa roda girar?

Está aí plantada a sementinha da dúvida, uma semente que você pode regar, deixar crescer e ver brotar ou deixar pra lá. Sim, você pode deixar pra lá uma vez que é livre pra tomar decisões sobre a sua vida!
Por isso, tenha consciência de que essas decisões são suas e esteja ciente de tudo que as envolve: desde a quantidade de informações que você colhe antes até as consequências depois. Existe um mundo inteiro querendo fazer com que nossos corpos se sintam inadequados, mas o seu encontro com a sua real beleza é um primeiro passo pra mudar essa realidade!

Pare de fazer dieta

Se você está aí passando fome, privando seu corpo de alimentos, está sem energia, sem foco, cansada, jogue tudo para o alto imediatamente. Quando a gente faz transição capilar, nosso cabelo começa a crescer, virgem, e, aos poucos, a química vai embora. Assim também acontece com o nosso corpo quando paramos com as dietas: ele começa a busca pelo peso e biotipo naturais. Bora buscar esse equilíbrio? Lembrando sempre:

- Parar de fazer dieta não significa comer fast-food todo dia;
- Parar de fazer dieta não é parar de se exercitar;
- Parar de fazer dieta não te torna uma pessoa gorda.

Parar de fazer dieta é encontrar o melhor caminho para se alimentar com saúde. Lembrando que essa dica é para quem não tem restrições alimentares.

Mas não termina nunca essa história de se amar?

Como você pode perceber, só acaba quando termina. E, nesse caso, eu estou falando da sua vida. Não existe nenhuma dica prática sobre aceitação, a não ser BORA COMEÇAR LOGO ISSO? Não existe praticidade no que diz respeito ao capital humano. Não mudamos do dia para a noite porque nem fomos gestados do dia para a noite. Até para a gente nascer levou nove meses até que pudéssemos começar a desfrutar da vida na Terra, e olha que se leva ANOS até que a gente tenha consciência disso tudo.

Entenda o amor-próprio como algo gestado em você todos os dias. Cada vez que você faz um exercício por si mesma, você alimenta esse feto, você nutre a si mesma com todo amor, carinho e compreensão que nunca te deram, mas você mesma pode se dar. Isso é maturidade, isso é amadurecimento. Isso é começar a se amar. É apertar o botão e sair da prisão. Mas quem disse que você não vai ter vontade de voltar? Quem disse que você não terá dias ruins com os quais lidar?

Ooo meuamô, o próximo capítulo vai ser para quando esses dias vierem. E você vai precisar dele. Nesses dias. Simbora, vira a página ♥

CAPÍTULO 4

PARA NÃO DESISTIR, SEGUIR E RESISTIR

> "Para mim, ter uma história não significa chegar a algum lugar ou alcançar algum objetivo. Entendo-a mais como um movimento adiante. Um meio de evoluir, uma maneira de tentar, continuamente, ser uma pessoa melhor. É uma jornada sem fim. É um processo. São passos longos ao longo de um caminho. Chegar lá exige paciência e rigor em igual medida. Chegar lá é nunca desistir da ideia de que podemos crescer mais."
>
> – Michelle Obama

Você vai precisar deste capítulo mais do que imagina. Mas talvez não seja agora. Mesmo assim, leia. São pensamentos e aprendizados que eu reuni no meu processo e que podem te ajudar a perseverar, não desistir e seguir resistindo.

Se você cortou a franja, vai levar um tempo até que esse cabelo curtinho vá parar na cintura, né? Considere sua aceitação um fio de cabelo recém-nascido, que ainda vai virar uma franja. E pra chegar na cintura? Leva tempo até chegar na cintura. Mas daí eu te pergunto: **precisa chegar na cintura?**

Aceitação plena não existe

E por que é tão complicada essa história de viver uma vida de aceitação plena? A gente vê um monte de mulheres no Instagram fazendo coisas que você nunca imaginaria fazer. Expondo o corpo (fora do padrão), mostrando sua vulnerabilidade, tendo "coragem" de exibir um corpo que não é considerado bonito para todo mundo ver... Parece que existem umas musas da aceitação. E eu sei que para muita gente eu sou essa pessoa. Mas deixa eu te confessar um negócio: é difícil pra caramba!

Na época que rolou a Tour pelo corpo no YouTube, criada pela minha amiga Luiza Junqueira, do canal Tá Querida, muitas influenciadoras fizeram a tag, gravando vídeos de seu corpo como ele é. E foi muito estranho gravar meu corpo daquele jeito. Na época (e eu já era considerada musa da aceitação, hein!!!), eu me acreditava hétero e pensava que nenhum cara nunca mais iria se interessar por mim se visse aquele vídeo. Ao editar as imagens, eu tive muita vontade de cortar certas partes... Mas resisti. Além de ter que lidar com toda a minha insegurança naquele momento em que me expus, também sofri muito ódio de haters, mas foi tão maravilhoso e transformador, sabe? E muita gente que fez o vídeo também relatou que foi difícil ficar vulnerável diante das câmeras. Ou seja, amor-próprio não é uma linha de chegada que no final você fala: "Parabéns, agora você se aceita." É uma luta e um processo diário, e alguns dias serão mesmo mais difíceis que outros.

Depois que comecei a me aceitar, chegou um momento em que parei de ler sobre o assunto, de pesquisar, de fazer as coisas que eu pregava. Porque a minha vida se tornou falar sobre o tema, então, muitas vezes, um conceito ainda não havia sido aplicado. A grande revolução começou quando eu passei a aplicar esses conceitos. Sabe quando você está começando a gostar do seu corpo, achar legal, mas não sabe como vai ser ficar pelada na frente de alguém depois de tudo?

Comigo foi assim. Fiquei uns anos sem fazer sexo e, depois de me aceitar, mesmo gostando de mim e trabalhando esse amor-próprio dia após dia, ainda rolava uma insegurança em relação ao outro. Mas confesso que a minha insegurança não era se o cara iria ou não gostar do meu corpo e me achar bonita. Minha "noia" era de que, se POR ACASO ele não gostasse, eu teria muito trabalho para arrumar outro, porque, na real, se o cara não curte é só dar meia-volta e ir embora. Minha questão era a preguiça de procurar outro.

Mas, mesmo assim, ainda passava pela minha cabeça que a pessoa poderia não gostar, não se interessar; que o meu corpo pudesse ser um impeditivo para alguém se interessar romanticamente por mim. Afinal de contas, vivi toda uma vida sendo anulada, preterida e sem ser assumida por ninguém.

A mesma coisa rolou quando eu saí de cropped sozinha pela primeira vez, com pessoas totalmente fora da minha zona de conforto. Muitas pessoas nem me conheciam. Eu estava no aeroporto com uma blusinha que dizia "Corpo Gordo, Corpo Todo, Corpo Livre". Por mais que eu não estivesse nem aí, quando me dei conta de que as pessoas estavam me observando, vendo minha blusa, minha barriga de fora... eu me senti oprimida.

Mas sabe o que mudou? **O nível de importância que aprendi a dar para o peso do olhar do outro.** Hoje dói menos, eu não dou tanta importância. Mas ainda me afeta e pode ser que me afete para sempre. Mas o que pesa mais? O peso do olhar do outro ou a sua balança? O olhar do outro machuca? Machuca. Mas a tendência é que fique cada vez mais fácil de lidar. O que o outro pensa diz mais sobre ele do que sobre você. Quando você se ama, não se torna uma pessoa invulnerável, mas alguém mais forte. Essa vulnerabilidade é importante, pois é de onde vem a sua força. Se empoderar da sua vulnerabilidade vai contra tudo que foi ensinado, contra todo o sistema, e pode mudar a sua vida.

Por isso que podemos ter o corpo livre, sim, mas ele nunca será realmente livre. Para isso acontecer, falta muito. Ainda mais para as mulheres. Estamos sempre em desvantagem, sendo diminuídas, domesticadas, domadas, analisadas, chamadas de burras, de histéricas, exageradas, emocionais, mal compreendidas, mal comidas, sensíveis demais, piranhas, putas, vagabundas, da vida... Para o cômputo da sociedade, valemos sempre menos.

Mas a verdade é que cada vez somos mais. Aprendemos dia após dia que não somos obrigadas a nada. Que podemos nos libertar das amarras dos padrões, das expectativas que nos impõem, e viver a história que queremos, do nosso jeito. Do jeito que você quer, não do que querem para você.

Uma coisa que não te contaram é que, quando a desconstrução bate e você atende, muito mais do que você imagina vai entrar pela porta. Mas é uma via de mão dupla. Não apenas entra muita coisa, como sai também. É uma mudança radical. E é uma revolução pessoal que não tem idade. Aprendi, conversando com minhas seguidoras mais jovenzinhas, que quanto mais cedo você entra nesse processo de desconstrução, mais de boa e menos doloroso ele se torna. MAS CALMA, não importa quantos anos você tenha, é possível se amar!

O processo de desconstrução fica mais difícil com a idade. Normal. E se você for novinha demais, talvez você tenha muito mais a construir de uma forma diferente do que a desconstruir, sabe?

Reconstruir conceitos leva tempo e exige esforço, você precisa abandonar o que incutiram em você. Eu estava uma madrugada conversando com meus amigos sobre a regra dos 10 segundos. Existe meio que um espaço-tempo em que reagimos de forma construída a algo. Por exemplo:

É tão difícil mudar o mindset, a nossa forma de pensar, que muitas vezes nos pegamos sendo preconceituosas, machistas, gordofóbicas, racistas, agindo da forma que condenamos nos outros. E está tudo bem se isso acontecer, principalmente se tivermos uma rápida noção do que rolou. Se tivermos consciência de que erramos e logo voltarmos ao pensamento da desconstrução, é isso aí. Faz parte do processo. Não se julgue nem se culpe se acontecer, apenas faça um movimento para tentar mudar o pensamento cada vez que isso ocorrer.

Outra coisa que também acontece é nos vermos obrigadas a imitar o comportamento da maioria, mentalidade de rebanho, sabe? Se a galera do trabalho compartilha meme gordofóbico, ama falar de peso e de dieta e só a gente está nesse movimento de desconstrução, é bem comum que nos sintamos deixadas de lado, a gente mesma se autoexclui, se afasta de algumas pessoas. Mas como somos seres humanos e necessitamos conviver em sociedade, muitas vezes preferimos seguir o fluxo do que começar uma discussão, abrir um diálogo. Às vezes cansa mesmo. Às vezes tudo que você quer é conseguir curtir um momento, ficar na boa, esquecer a militância um pouquinho e só viver. Eu te entendo, amiga!

Mas o que ninguém te contou é que uma vez que você despertou, a mudança já começou a agir. Você não suporta mais o que era, não aguenta mais andar com algumas pessoas, não quer estar perto de quem vive essa patrulha constante do corpo, acha chato fazer o que fazia antes... É realmente muito exaustivo estar num ambiente assim, e a vontade é se afastar mesmo.

No entanto, é sempre bom lembrar que você já foi como essa pessoa. E até para essa pessoa a desconstrução pode chegar. Ou não. Por isso uma dica útil e eficaz é você se concentrar em você. Para mudar o mundo, o primeiro passo é mudar o seu olhar. Sobre você mesma. Sobre os outros. Sobre tudo. Focar no que você quer. No seu processo de desconstrução. Esqueça o outro. Beleza? Eu sei que não é moleza, mas esse momento é só seu.

Nem tudo é você se ODIANDO

Passamos tantos anos acreditando na *mentirada* do emagrecimento rápido, no milagre para ser perfeita e perder 10kg do dia para a noite, que achamos que aceitação é a mesma coisa. Que tem uma linha de chegada, que dá para fazer tudo em um dia, que é só tomar uma pílula e pronto. Você já sabe que não.

Como boa amiga que sou, também preciso lembrar umas coisitas aqui. Cuidado também para não achar que tudo é você se ODIANDO. Existe uma diferença enorme entre se odiar e apenas se sentir mal. Podem ter dias em que você vai se sentir o cocô do cavalo do bandido e mesmo assim seja uma pessoa que se ama. Não ache que amor-próprio é um botãozinho que você aperta e nunca mais vai se sentir mal consigo mesma. Toda e qualquer pessoa se sente mal consigo mesma, né? Vale ressaltar. Então, se por acaso você caiu no conto de alguma blogueirinha do amor-próprio que fala "se aceite como você é", e logo depois vai para a clínica estética mostrar vários tratamentos; cuidado. Não crie um novo padrão para si mesma.

Sempre teremos questões em relação aos nossos corpos. Absolutamente SEMPRE. E deixa eu te contar uma verdade aqui: um dia você vai morrer. E, até isso acontecer, espero que você envelheça bastante. E até lá, meuamô, seu corpo vai mudar tanto! Então imagine... Fora todas as situações da vida, problemas do dia a dia, estímulos externos, trabalho, sociedade como um todo: como não se sentir mal com a situação política do Brasil? Sabe? E nem por isso eu me odeio. Equilíbrio, vamos encontrar o equilíbrio!

Você pode estar cansada

Acho que o que mais me faz querer entrar no padrão é o cansaço, porque se aceitar é nadar contra a maré. Aí, nos dias em que estou cansada, penso que seria mais fácil se eu tivesse um determinado tipo de corpo, e esse pensamento é tão natural que soa como se deixar levar pela corrente, é fácil e perigoso.

O que me faz querer voltar é lembrar de tudo que já conquistei e ter noção do que existe por trás desse pensamento de se padronizar. Sei que o padrão é inatingível, e penso que há mulheres que talvez se inspirem no meu simples ato de não me curvar para o padrão. Não cair nas armadilhas.

Mas sabe aquela brincadeira do "descansa, militante"? Às vezes a gente só quer fazer as unhas, a sobrancelha, brincar de se maquiar sem culpa. Mas, se formos analisar cada ponto... Enfim, entende? Você pode relaxar, pode "ser fútil", pode descansar da militância porque nem precisa militar. Só o ato de resistir contra tudo isso já é político por natureza.

Não espere ter outra aparência para ser feliz

Sabe tudo que eu venho falando até aqui? É sobre isso. Talvez em alguns dias você acredite que a única saída é fazer uma cirurgia ou entrar numa vida de purgatório em prol de um corpo magro. Quebrar esse ciclo de pensamento é muito difícil, por isso é fácil voltar a se odiar.

A sua vida não precisa mudar para que ela inicie de fato. Sua vida já começou, e você deve estar deixando de viver muita coisa por conta de uma pressão para ser perfeita, para ter aprovação. Acreditamos muito em conto de fadas e histórias mágicas, tramas em que algo inesperado vai acontecer e nossa vida vai mudar. É como uma criança, que espera pela magia acontecer, pelas coisas caindo do céu e um pó de pirlimpimpim que muda tudo! Nós nos acostumamos a ficar nessa zona de conforto, o que só nos deixa mais loucas em busca de algo que nem sabemos mais o que é, basicamente inertes. Não vivemos as coisas, deixamos oportunidades de lado à espera de um corpo ou de uma vida totalmente perfeita, que nunca vai rolar.

É esse pensamento de que um dia as coisas vão acontecer que faz com que você comece a odiar o seu dia a dia, porque tudo que quer é atingir a meta e ser feliz. **É como se ter um corpo perfeito fosse uma viagem de férias: você odeia o percurso, fica impaciente e doida para começar a curtir logo, e a ansiedade te consome até que o destino esteja perto e você comece de uma vez por todas as férias.** É tipo isso: você odeia se exercitar, fazer dieta, mil coisas para ser magra, para ser "bonita", e fica sonhando com o dia em que vai finalmente ter o corpo x ou y a fim de começar sua vida para valer. E quando que ela começa mesmo, meuamô? Mas se liga numa coisa aqui: se você parar de se exercitar e de fazer dieta, vai voltar a engordar. É um fato. Quando se fala em hábitos saudáveis, não se trata de alcançar uma meta estranha de emagrecimento absoluto. Você precisa sustentar esse estilo de vida INSUSTENTÁVEL.

Ficamos presas numa zona muito louca, por um lado nos matando para chegar em algum lugar, mas odiando cada parte do processo. E o mais doido é que ninguém nunca questiona: beleza, e depois? E como faz para manter o corpo conquistado? Você nunca pensou que vai precisar manter essa rotina louca de emagrecimento a vida inteira? É para a vida inteira. E cada vez surgem mais e mais insatisfações. A verdade, meu bem, é que se não é para ter um corpo de forma natural, você não vai ter. E ponto. Desculpe ser dura quanto a isso, mas só estou constatando o óbvio.

Por isso, quando falamos em se exercitar e comer por amor ao corpo, é o movimento contrário a tudo isso. É por qualidade de vida e bem-estar, a meta é para a vida inteira, então precisa ser divertido, legal e sustentável para que você mantenha esses hábitos... Para sempre. Entende? E a gente só consegue manter na nossa vida um hábito com qualidade se ele fizer bem DE VERDADE.

Você não está errada

É muito comum seguirmos no processo de aceitação e termos dificuldade de evoluir devido a comentários de outras pessoas, que às vezes nem estão falando por mal ou com você. De repente um grupo de pessoas está comentando entre si e nem faz ideia de quão violentas podem ser certas falas. Isso porque o nosso processo de autoconhecimento tem o nosso tempo, os nossos traumas, as nossas dificuldades e nem todo mundo tem acesso a isso.

Se você se sente errada, menor, inferior por se comparar a outras pessoas no processo ou ser automaticamente comparada, julgada, entenda uma coisa aqui: não coloque um certo e errado quando se trata do seu bem-estar. É difícil viver algo que nem todos estão buscando viver ainda, então infelizmente é natural você se deparar mais vezes com situações desse tipo.

De novo: Tente coisas novas ou re-tente coisas do passado

Duas coisas às quais passei a dedicar mais atenção e que sempre foram gatilho para mim são exercícios físicos e alimentação. Colocar meu corpo em movimento me ajudou a lidar melhor com a minha ansiedade e entender que, sim, eu gosto de me movimentar, suar, liberar hormônios de felicidade. Prestar atenção na minha alimentação também é gostoso agora, entendendo que meu corpo precisa de energia, nutrientes e harmonia nas minhas escolhas.

Hoje me sinto preparada para montar um prato balanceado nutricionalmente, sem ter uma crise de pânico, porque me curei dos traumas que a busca por um corpo perfeito me causou. Com uma nova abordagem, um novo entendimento sobre mim, consegui entender o meu ponto de equilíbrio e tentar mantê-lo.

Se isso parece surreal para você agora, não mire apenas no "melhor dos mundos" fazendo tudo para alcançar as coisas a qualquer preço. É um dia de cada vez. Um passo de cada vez. **Sua relação com o seu corpo é a única relação que você vai ter para a vida toda.** Pessoas vêm e vão, mas você com você mesma é para sempre! Observe em si mesma o que ainda são atitudes que te machucam e te impedem de se amar. Por que você ainda insiste?

Gosta de se depilar? Se depile. Não gosta? Então pare. "Ah, mas vão ficar falando dos meus pelos." Até que ponto essas opiniões têm poder sobre você? Até que ponto você deixa que te afetem? Pense nisso. Vale para tudo!

Vá testando.

Nem todo mundo vai conseguir a liberdade que tanto quer, porque a sociedade impede isso. Como não desistir se as coisas não cabem na gente?

Sabe quando dizem que mora uma pessoa "saudável, sarada e magra" dentro da gorda ou fora do padrão? Não tem agonia maior do que pensar que habita um outro eu dentro de mim muito melhor do que a versão atual. Outro eu que, quando surgir, será feliz. Finalmente terá uma vida amorosa, usará qualquer roupa, será desejada, finalmente será... LIVRE. Versão melhor para quem??? Da onde vem sua crença de que a imagem externa está ligada à própria felicidade?

Agora eu te pergunto: quanto de saúde mental, emocional e física você está "gastando" para libertar essa sua melhor versão? Você acredita mesmo que TODAS NÓS podemos ser ainda melhores, ainda mais bonitas? Sabe o que é isso? É a indústria querendo que você compre tudo que eles enfiam na sua cabeça sobre "o produto que vai mudar a sua vida". E aquele seu "outro eu" GRITA lá dentro, louco para sair... É como aquelas imagens de uma pessoa gorda com uma pessoa magra por dentro, desejando sair do corpo "imenso".

E o interessante é que, quando você se aceita, entende que esse seu outro eu não precisava ser esculpido, moldado, sugado, colocado para fora a todo custo... Ele estava ali o tempo todo, só você não viu. Era você mesma. Livre de padrões, com um sorriso no rosto e disposta a parar de odiar seu corpo e começar a amá-lo, de fato.

Soa muito bonito, mas hoje em dia essa hashtag que eu criei só se replica e as pessoas, muitas vezes, nem sabem por que estão usando, na real. A verdade é que corpo livre é uma pequena junção de duas palavras, dez letras, mas com muitos significados por trás.

Corpo livre é viver a liberdade com o próprio corpo. É sentir na pele que você é livre para curtir o corpo que tem, com as roupas que quer, do jeito que desejar, aonde for, com quem bem entender...

E aí eu te faço umas perguntinhas: Você consegue circular livremente com o seu corpo pelas ruas? Encontrar roupas que cabem em você com facilidade?

Talvez essa liberdade esteja muito longe. Afinal de contas, nosso corpo não é bem-vindo em certos lugares (mesmo que não tenha, literalmente, uma plaquinha escrito "Você não é bem-vinda aqui"), nossa beleza é invisibilizada e somos forçadas a acreditar que só existe uma forma de ser bonita, uma forma de ser feliz de verdade com o nosso corpo.

Mal sabiam eles que chegaríamos quebrando tudo isso e mostrando para você que, meu bem, fala sério, você pode, e vai, ser livre com o próprio corpo, mesmo que a liberdade ainda seja algo difícil de viver totalmente, já que muitas coisas não dependem da gente.

Posso dizer, com sinceridade, que eu não tenho dúvidas em relação ao amor-próprio. Você se amar está muito longe de ser um movimento narcisista, arrogante, cego. Muito pelo contrário. Você se amar é refazer tudo do zero, reaprender a ser humana, descobrir como você é, do que gosta, é você se conhecer o suficiente para se respeitar na saúde e na doença, na alegria e na tristeza e em todos os momentos da sua vida. **Case-se com a pessoa que merece total dedicação e energia que você pode dar: você mesma.** As pessoas querem tanto um amor, querem tanto ser amadas, viver um romance, mas deixam de fazer isso consigo mesmas. Sim, é uma delícia amar, ser correspondida e viver um amor saudável, mas é tão mais maravilhoso quando você se ama o suficiente para entender seus limites, para escolher quem está ao seu lado, para se cuidar e se proteger.

Não imagino uma vida em que eu me relacione sem me amar. Era por isso que vivia em relacionamentos abusivos, eu dava mais valor aos outros do que a mim mesma. E, infelizmente, essa é a realidade de muitas mulheres: a autoestima baixa, a falta de amor-próprio, as deixam vulneráveis, presas "fáceis" para relacionamentos abusivos.

Não estou falando que quem sofre com relacionamento abusivo é porque não se ama. Nem me atrevo, até porque a realidade do machismo no Brasil está aí para provar que homens matam mulheres, principalmente as que consideram suas. Mas, quando você não gosta de si mesma, a chance de entrar numa roubada tende a aumentar, porque qualquer pseudogesto de "amor" já é algo a que você vai querer se agarrar de qualquer forma. Você acredita no relacionamento, mesmo se questionando muitas vezes, mas sente que tudo que ele faz é por amor a você, que é o jeito dele, que é culpa sua... Entende?

Por isso que, quando eu falo que uma mulher que se ama é a mulher mais poderosa que existe, é a realidade. NINGUÉM PARA UMA MULHER que não deita para os padrões, que está pouco se fodendo para o patriarcado, que acredita em si mesma! Bora começar a amar quem somos e viver nosso corpo livre?

E importante aqui: quando entrar numa roubada, lembre-se de que você não controla nem a si mesma, nem os outros. Não se julgue por isso. Peça ajuda, acolhimento e entenda que nenhum abuso, violência ou situação que envolve o outro pode ser justificado como falta de amor-próprio.

Para dias que você se sente uma bosta

Estou escrevendo essas linhas e me sentindo mal. Acordei hoje com o mesmo cabelo de ontem (por sinal, muito lindo, estou na minha melhor fase capilar); com o corpo tranquilo, me achei bonita até olhando para o espelho. Vi beleza no meu rosto, olhei meu corpo todo... Tenho essa mania de me olhar sempre quando acordo e ver se "emagreci". Se estou desinchada do leite. Como já falei lá atrás, desde que comecei a desenvolver intolerância a laticínios, minha vida se tornou olhar para minha barriga e entender se aquele alimento me fez bem ou mal. Comecei a reproduzir um padrão de comportamento da época que eu queria emagrecer, quando eu me olhava no espelho e via se estava mais magra...

Acabei de perceber que comecei a escrever essas coisas e estou me sentindo melhor comigo mesma... Por isso faz sentido a dica que eu queria dar para você: escreva, se comunique, pinte, corra, dance, grite o seu sentimento. Muitas vezes, a gente sente coisas inexplicáveis e descontamos tudo em nossa imagem, em nossa vida... E olha que curioso, quanto mais eu escrevo, mais me sinto livre desses sentimentos... E consigo compreender na pele, vivendo exatamente agora enquanto escrevo, o que sempre tento passar para vocês, que é:

Vamos ter dias bons e ruins, com a mesma imagem, com o mesmo cabelo, a mesma barriga, sendo a mesma pessoa, mas foi um sonho ruim, um julgamento que você recebeu, a TPM, uma briga com alguma pessoa querida, a falta de grana... Tudo isso muda a forma como você se enxerga, e é tão injusto você se achar a coisa mais horrenda do mundo quando, na verdade, só está tendo um dia ruim.

Paradoxo das Amizades

Sabe aquela impressão de que todos seus amigos têm mais amigos do que você? Se você parar e pensar, isso provavelmente acontece porque, quando a gente faz uma nova amizade, essa pessoa já vem com um grupo de amigos, né? Só que a gente não percebe que nós também já tínhamos o nosso círculo. Se a gente aplicar isso a uma rede social, por exemplo, temos a impressão de que todo mundo que a gente segue é mais "popular", mas "famoso" e "popular" não são a mesma coisa. Ainda mais se considerarmos "popular" em um contexto social.

Óbvio que é mais provável a gente conhecer alguém mais "popular" — tanto na vida real quanto nas redes sociais. Se essas pessoas estão em contato com mais pessoas ou frequentando mais ambientes, naturalmente temos mais chance de cruzar com ela do que com alguém que tenha um círculo menor.

Mas vou te contar: você passa tanto tempo ignorando a própria imagem, o seu corpo, quem você é, e focando na imagem do corpo "popular" (padrão), que, quando toma consciência e toda essa obsessão passa, você não tem noção da sensação. De como isso é maravilhoso! É tamanha liberdade que você fala: "Caramba! Como eu consegui passar tanto tempo acreditando em algo que foi incutido em mim?" Você se liberta mesmo. Não é mentira!

E eu estou te falando como alguém que se libertou. E existem tantas outras pessoas que também já se libertaram... Mas vamos falar sobre isso no próximo livro, porque você está no seu processo agora, e precisa respeitá-lo. É preciso respeitar seu tempo e o fato de que mesmo que você já esteja há muitos anos tentando se amar "sem sucesso", talvez nunca tenha feito assim. Com alguém te ajudando, guiando e mostrando que não está sozinha. E eu não estou falando como se eu fosse alguém muito especial, mais evoluída ou melhor. Sou só alguém que tomou muita porrada e descobriu um jeito de parar de se odiar, começar a se amar e viver livremente. Beleza? Tamo aqui de igual pra igual, mana.

Família que não contribui: mude seu jeito de lidar

Já vivi e ainda vivo isso. Amo a minha família, mas algumas pessoas preciso manter em seus lugares e entender que eu não sou responsável — MESMO — por atender as expectativas que ainda depositam em mim. E nem vou resolver todos os problemas. E está tuuuudo bem. Quando a nossa família não nos aceita, ou não aceita o fato de nos aceitarmos (que é quase a mesma coisa), fica difícil. Na real, nunca sabemos em quem "confiar" nesse processo. Temos dúvidas, temos medos, vivemos com incertezas, o que é plenamente natural. Mas e quando confiamos nossa vulnerabilidade a alguém que a usa contra a gente? Ou pior: nem nos escuta?

E posso falar uma coisa aqui? O tempo é maravilhoso. Ele passa, vamos envelhecendo, e entendendo tantas coisas. Hoje eu tenho uma relação maravilhosa com a minha família porque entendi que eles dão conta do que eles dão conta, assim como eu. E entender o lado deles, percebê-los como seres humanos para além dos papéis estabelecidos e designados a eles foi sensacional para mim.

De verdade, sei que estou sendo repetitiva, mas: **não mudamos os outros; mudamos nós mesmas.** Mudamos nossas atitudes, nossos comportamentos. Nunca os do outro. Você sabe disso. Mais uma vez: é você que vai ter que encarar o tranco, amiga. Cria um jeito que dá certo para você, uma comunicação que funcione, se proteja.

Amar é bom demais e ser amada é melhor ainda

Uma das coisas que me permiti depois do processo de aceitação foi me deixar ser amada, como revelei no segundo capítulo, quando contei minha história com a Carol. Mas uma coisa que reparei nesse processo todo é que tem muita gente que acha que se apaixonar é se DESEMPODERAR, ou seja: ser menos, ser submissa ou dependente de alguém.

Eu me aceitei, eu me amei. Descobri minha sexualidade. E no começo do meu relacionamento, eu senti isso também, principalmente porque passei anos sozinha, me construindo uma mulher independente. O amor para mim sempre foi algo muito complicado de lidar, de trabalhar. Aprendi a lidar melhor com sentimentos ruins do que com bons, então imagina?

Mas amar me libertou. E ser amada romanticamente... Mudou a minha vida. Amar é bom demais. Eu nunca acreditei que diria isso.

Nunca imaginei que gostaria tanto da sensação e que replicaria essa mensagem, mas sim: AME! AME! AME!

Quem já viu meus vídeos ou leu o *Pare de se odiar* sabe que, para mim, vida afetiva nunca existiu. Então ter essa experiência agora, é um intensivão de sentimentos, desejos e situações que nunca vivi.

É a primeira vez que eu vivo algo realmente saudável, então imagina? É tudo novo, são muitas coisas do passado que nos atormentam e é difícil não repetir erros, padrões comportamentais... Quando existe disposição, as coisas andam, mudam, se ajeitam, funcionam... Só não pense que é fácil. É difícil demais, viu?

Mas é a melhor experiência que eu já tive na vida: viver, ser livre, amar, ser amada e dividir espaço: o presente e o futuro. Maravilhoso demais!

Muitas coisas mudaram na minha vida no processo de aceitação

Fiz uma lista de coisas que mudaram na minha vida desde que comecei essa história de me aceitar, em dezembro de 2015. Achei legal compartilhar aqui, já que você pode fazer o mesmo depois de um tempo de processo. Escreva o que já vem mudando na sua vida. Olha minha lista para te inspirar:

1) Aprendi a lidar de outra forma com as inseguranças

Hoje eu acolho e entendo minhas inseguranças, com respeito e amor. Mesmo quando não estou bem, tenho consciência de que vou passar por mais um dia ruim e aprender a superar. De verdade, mudou por completo! Enfrento os medos de cara, vivo tudo isso e confio de verdade que, por mais que eu venha a ter inseguranças, não paraliso mais por conta delas.

2) Passei a gostar das fotos que faço

Antes me via horrível em várias fotos, mas postava mesmo assim. Até hoje tenho esse hábito de postar uma foto em que eu me achei feia, justamente para aprender a lidar com a insegurança. É meu jeitinho bem tapa na cara de lidar. Mas é curioso porque eu venho curtindo e achando lindo poses, ângulos e estilos que antes eu nem considerava. Aos poucos, estou me descobrindo até mais bonita. Quando fiz a capa da revista, então, foi de outro nível... É bem legal ir se permitindo e se descobrindo!

3) Entendi que não posso mudar os outros

Impossível mudar os outros, quem muda sou eu e apenas eu. Isso é difícil de entender, de lidar, machuca, você se sente muito sozinha, mas olha só: as coisas acabam mudando por conta da sua aceitação, e até as pessoas. Muitas vezes, as pessoas saem da sua vida, mas outras entram.

Ou até mesmo seus pais, o que você nunca imaginava, começam a entender o assunto e lidar com você de outra maneira. A sua própria vida vira um exemplo para que a galera comece a se interessar, sabe? É uma frase que falamos muito na divulgação do livro anterior: "O caminho do amor-próprio é sobre mudar tudo sem mudar um único fio de cabelo."

4) Acabou o efeito sanfona "engorda-emagrece"

Já comentei sobre isso no capítulo dois, mas esse fato precisa ser ratificado: acabar com o efeito sanfona mudou a minha vida. Agora eu tenho as mesmas roupas de anos, que cabem em mim, sem precisar toda hora renovar o guarda-roupa e o manequim das roupas. Isso é sensacional e até diminuíram minhas estrias, justamente porque meu corpo está se mantendo no mesmo tamanho e emagrecendo, beeeeem aos poucos, ao longo dos anos.

5) Passei a buscar ser cada vez mais livre
Em todos os âmbitos da minha vida, tenho tempo para prestar atenção nessas coisas. Eu era tão obcecada que só depois de me aceitar lidei com a minha sexualidade, sabe? Tive tempo para isso. A liberdade é a palavra de ordem na minha vida e em todas as minhas ações, seja no trato com meus colaboradores na empresa, ou na minha relação amorosa, e até mesmo com meus doguinhos.

Terapia agora, hoje e sempre

A minha principal dica sempre foi e será: terapia. Se você ainda não faz, corra atrás. E se não faz por condições financeiras, que tal colocar como meta, quando você puder, investir na sua saúde mental? Existem hoje vários lugares que prestam atendimento com valores acessíveis, principalmente em faculdades de psicologia. O distanciamento social, durante a pandemia, intensificou o nicho, inclusive. Muitos profissionais começaram com as consultas on-line e facilitaram o atendimento.

O meu caso, inclusive, foi interessante. Eu voltei a fazer terapia durante a pandemia, mais para o final de 2020, quando eu me reconectei com minha antiga terapeuta do Rio de Janeiro. Inclusive, coincidência ou não, ela é a terapeuta que eu cito no primeiro livro e que foi essencial no meu processo de desconstrução, que me perguntou o PORQUÊ das coisas e me abriu os olhos para o mundo.

A Cláudia Drummond Couto é um grande presente na minha vida e decidi entrevistá-la para este livro. Fiz perguntas que sei que serão de grande valia para vocês, pois é a visão de uma profissional sobre a nossa pauta. Mas com o olhar dela, que é especialista no assunto. Segue a entrevista na íntegra. Fiz cinco perguntas e as respostas foram tão ricas de conteúdo que eu acredito que toda a sua fala é extremamente importante para não desistirmos do processo de aceitação e quebrar algumas barreiras em nós mesmas.

1) Por que repetimos um padrão de comportamento? Existe uma forma de mudar esse padrão?

Os padrões de comportamento humano são resultantes de estratégias de comportamento defensivas, desenvolvidas pela criança que fomos, na tentativa de sobrevivência às faltas e carências a que todos somos sujeitos nas nossas relações familiares originais. O ser humano sempre se defenderá da exclusão e da falta de amor.

Sentir a sua necessidade de pertencimento ao seu sistema familiar ameaçada e se sentir no risco de não ser amado são os piores pesadelos do ser humano, principalmente na infância, diante de tamanha dependência, característica do início da vida.

Pertencer e se sentir amado por quem ama – no caso dos pais, por quem ama e depende totalmente para permanecer vivo – é condição básica e fundamental para o ser humano. O pertencimento e o amor são condições básicas da sobrevivência humana, pois somos seres que entendem e usufruem da existência na coexistência. Buscamos no outro um espelho para nos ver. Vamos ao mundo, colhemos informações, e voltamos para dentro de nós para processar as informações colhidas nas interações – esse é o caminho saudável da autoconstrução humana.

*

A criança que acabou de chegar a esse mundo se surpreende e, na maioria das vezes, se culpa quando suas necessidades básicas – físicas, emocionais e psíquicas – não são suficientemente atendidas ou são negligenciadas pelos adultos responsáveis por cuidar dela.

Em sua ingenuidade e vulnerabilidade (por conta da sua total dependência do outro), a criança cria uma fantasia – a de que seus pais podem tudo e, se não a atendem como precisa e deseja, não o fazem porque não querem. Afinal, ela ainda não tem condições psicocognitivas para perceber, contextuar historicamente e compreender as precariedades dos seus pais.

Ela acredita, então, que partes da sua expressão incomodam e desagradam aos seus pais e, o pior, isso leva a criança a desconfiar ou mesmo não acreditar no amor dos pais por ela. É nesse momento que a criança vai buscar em si recursos para, por um lado, retirar de cena formas naturais da sua expressão, por considerá-las as causas do "desamor" parental, ou seja, suprime partes da sua expressão essencial, na tentativa de garantir seu pertencimento e o amor do outro.

Para tanto cria estratégias de defesa que, ao serem usadas constantemente, acabam por se tornar padrões de comportamento, ligados às estruturas defensivas que a criança desenvolveu para obter atenção e garantir o seu lugar.

Com o tempo, a criança, agora adolescente ou adulto, se identifica com esses padrões de comportamento de tal modo que eles passam a constituir a sua personalidade. As partes essenciais da sua expressão original, reprimidas no passado, se tornaram e permanecem esquecidas.

O esquecimento daquilo que é verdadeiro em nós, que faz parte da nossa essência, mas que reprimimos para sobreviver, é um recurso natural humano, para que possamos seguir em frente sem a tortura da dor dessa repressão.

Eu diria que é uma bênção para a nossa criança, ainda tão precária diante da vida, mas tão guerreira na persistência em sobreviver, poder tornar inconsciente, no tempo, aquilo que, aos seus olhos, era a causa do seu sofrimento. Esquecer de si, abrir mão de partes do seu Ser, criar a máscara que julga adequada para poder seguir sendo amada, pertencendo, vivendo.

Mas essa bênção, com o passar das etapas da vida até chegar ao adulto de hoje, vai se transformando em prisão. As crenças equivocadas que a criança construiu sobre si mesma e sobre o que esperar do outro e do mundo limitam de forma prejudicial a expressão do adulto no mundo, pois o levam para longe de seu Ser Essencial.

Essas crenças têm em si medos e inseguranças secretas, autodesvalorizantes, que agem minando a confiança do adulto nas suas capacidades, direitos e merecimento, deixando-o nesse lugar secreto de insatisfação consigo mesmo, um lugar gerador de angústia. Por mais que ele tenha construído recursos e se tornado capaz aos olhos do mundo, a sua criança interior segue insegura e com medo de perder seu lugar e o amor do outro.

Por isso, quando diante das relações que o adulto estabelece na sua caminhada, a criança interior, muitas vezes, "toma a frente do adulto" e projeta no outro a esperança de finalmente ser atendida. Uma tentativa inglória, mesmo que inicialmente aparente estar sendo bem-sucedida. Mas esse sucesso não é real e, em geral, acaba por se tornar uma frustração dolorosa, uma desilusão.

A questão é: só se desilude quem se iludiu. Simples assim. E projetar em alguém a responsabilidade do abastecimento (físico/emocional/psíquico), cuja falta foi causada por outra pessoa no passado, é fantasiar o impossível. No tempo, a frustração, muitas vezes acompanhada de sofrimento, é inevitável.

Além do fato de o outro não ter como preencher essas antigas lacunas emocionais, quem pretende isso segue se percebendo ainda como aquela criança que precisa do outro para ter suas necessidades e vontades atendidas e autorizadas, em vez de já ter tomado para si, como adulto, essa tarefa (autorresponsabilidade).

Ninguém assume o lugar de ninguém na vida do outro, mesmo que queira muito. Imagine, então, aqueles que estão sendo alvo de uma projeção sem sequer saber da responsabilidade que lhe estão imputando. E, na maioria das vezes, quem faz a projeção também não está consciente de que o faz. E isso acontece quase sempre numa via de mão dupla nas relações. Dessa forma, no lugar dos adultos envolvidos na relação, quem está se relacionando são suas crianças interiores feridas e carentes.

Portanto, as desilusões da vida adulta estão diretamente ligadas às ilusões da criança interior do adulto desiludido.

Para transformarmos essa situação de regência da criança interior na vida adulta, precisamos nos dispor, com coragem, a fazer um mergulho em nós mesmos, um trabalho de auto-observação que nos permita compreender a nossa dinâmica emocional, vivida geralmente no piloto automático, sem questionamentos.

Precisamos compreender a criança ferida que mora em nós e nos influencia diariamente. Devemos olhar para suas crenças com a nossa capacidade adulta, experiente, de contextualizar e compreender de forma mais ampla e profunda o que nos aconteceu e as verdadeiras razões que impediram que nossos pais nos atendessem e cuidassem de forma suficientemente boa.

Certamente, o adulto vai ter outras compreensões, diferentes das compreensões da sua criança, porque já consegue perceber na história de vida de seus pais o que originou as precariedades deles no exercício do papel de pais. Raramente foi falta de amor, o que faltou foi uma boa forma de manifestar o amor que estava presente. Mas o amor estava lá, nunca deixou de existir. Saber e confiar nisso é um movimento de cura para a criança interior que nos habita a todos.

Essas novas compreensões vão ajudar o adulto no trabalho de integração entre eles dois, um trabalho de integração e autorização para as partes da sua expressão essencial, verdadeira, livre, que foram excluídas no passado. Esse é um trabalho fundamental, extremamente necessário para uma vida mais plena, abundante e livre.

Para tanto, o adulto precisa se apresentar à sua criança interior e tecer a confiança dela nele. Ele precisa primeiro se observar, observar suas reações emocionais defensivas nas relações da sua vida e a origem delas.

Ao se apresentar à sua criança interior dessa forma protetora e elucidativa, ele terá a chance de acalmá-la em seus receios e inseguranças, a partir da desconstrução das crenças equivocadas, da flexibilização das defesas limitantes e da introdução de novas crenças, mais de acordo com a realidade.

Dessa maneira, o adulto poderá, então, convencê-la de que ele é o melhor cuidador que ela pode ter nessa vida. E, ocupando esse lugar de cuidador da sua criança interior, ele a libera para ser criança, ou seja, para ser entusiasmada, criativa, curiosa, ousada, alegre, corajosa e, por outro lado, fica livre para fazer escolhas e tomar decisões pertinentes à vida adulta de forma não mais reativa (como a sua criança fazia), mas de forma proativa, a partir do adulto que é.

Sem esse trabalho de auto-observação, caminho necessário à integração entre o adulto e sua criança interior, é praticamente impossível nos liberarmos dos grilhões do medo e da repetição de comportamentos reativos criados no passado na busca pela sobrevivência – os comportamentos padrões.

2) "O sentimento de rejeição me impede de me amar e de me sentir amada". Recebo muito essa frase com pedido de conselho. Como fazer para lidar com esse sentimento e se abrir ao amor por si mesma e pelo outro?

De acordo com a resposta anterior, podemos deduzir que, quando conseguimos ajudar a nossa criança interior ferida a ressignificar as suas crenças equivocadas e as suas defesas limitantes construídas na infância, nós a ajudamos a redescobrir, validar e valorizar a própria potência.

Em decorrência disso, nós a ajudamos, também, a se autorizar a expressar aquelas suas partes reprimidas no passado, confiante agora na presença constante do seu adulto. Isso a faz sentir-se fortalecida e confiante na proteção do seu adulto, relativa às consequências de suas autopermissões para aquilo que era proibido por ela mesma (por pensar ser um "defeito" seu, que a colocava em risco) ou pelo outro do passado.

Assim fazendo, a nossa criança interior pode voltar a acreditar no seu valor e, com isso, se amar e acreditar que pode ser amada sendo quem é. Quando isso acontece, o adulto pode finalmente viver a partir dessa nova crença, que ele mesmo ajudou a sua criança interior a ressignificar.

3) Como lidar com nossa criança interior que insiste em nos fazer voltar para a zona de conforto? Existe uma dica mais prática nesse sentido?

Observar o que ela está sentindo que a faz ter medo de ir em frente, de sair da sua zona de proteção (**que nem sempre é confortável**). Verificar se o movimento pretendido e, ao mesmo tempo, procrastinado tem razões reais para ser evitado (racionalidade adulta) ou se são os medos e as inseguranças da sua criança que estão travando o movimento.

No segundo caso, o adulto deve se valer do diálogo com a sua criança, que deve ser feito sempre de forma acolhedora e amorosa (mesmo quando dá limites a ela), para ajudá-la a ter coragem de ousar. Um diálogo em que o adulto a acolhe e, amorosamente, busca uma boa maneira de clarear para ela a sua forma equivocada de compreender a situação que está convocando o movimento que a assusta.

Essa estratégia pode ser aplicada em cada situação que a vida nos apresenta que acione um gatilho ligado a medos e inseguranças do passado, porque esses aspectos seguem regendo as escolhas reativas da nossa criança interior. A ponderação do adulto tem força para a sua criança, quando a sua confiança nele foi tecida e já se tornou uma realidade na relação entre eles.

4) Por que aceitar quem nós somos é um processo tão doloroso?

Em primeiro lugar, porque desconfiamos do nosso real valor. Por isso precisamos ajudar a nossa criança a reconhecer o próprio valor. A menos-valia ilusória impede essa aceitação. Ela nos faz sofrer por acreditarmos ter pouco valor. Essa crença na menos-valia precisa ser ressignificada para que possamos ter alegria em sermos quem somos verdadeiramente, com as nossas possibilidades e limites, sem julgamento e com concordância.

Em segundo lugar, porque para o adulto concordar com as responsabilidades que lhe cabem na vida adulta – ser competente e autorresponsável na gestão da sua vida — ele precisa viver o luto ligado à desistência de receber de fora, do outro (que são as expectativas da sua criança interior).

Para isso, o adulto precisa dar suporte para a sua criança, para que ela possa se despedir das suas expectativas em receber de alguém hoje o que lhe faltou no passado e, como adulto, assumir esse lugar de cuidador de si mesmo. Toda despedida envolve um luto. O luto da desilusão não é muito diferente do luto da perda real, pois o iludido acreditava que a ilusão era real, portanto sofre uma perda, a perda da ilusão.

5) Na sua visão, o que é uma vida de aceitação plena? Isso existe? Ou sempre teremos insatisfações? E como lidar com elas?

Partindo do princípio de que a nossa jornada humana acontece num mundo dual e imperfeito, podemos deduzir que somos imperfeitos. Precisamos concordar com as nossas possibilidades diante das situações da vida, a cada momento, sem julgamento. Precisamos concordar com o outro, do jeito que ele consegue ser a cada momento, sem julgá-lo. Se a maneira que o outro consegue ser não nos agrada, nos faz mal, cabe a nós nos protegermos, ficando ou partindo, pois julgá-lo, acusá-lo, não vai mudá-lo.

E precisamos concordar com a nossa história, com os momentos justos e injustos, com as alegrias e tristezas, com os preenchimentos e com as faltas, com os ganhos e as perdas. Não para ficarmos submissos ao que é difícil, mas para podermos cuidar do que é passível de ser transformado. E, também, para dar lugar aos fatos, que são imutáveis, sem julgá-los.

Brigar com os fatos é desgastante e consome uma parte da nossa energia vital, parte essa que seria mais útil e mais bem usufruída se estivesse a serviço da concordância.

A concordância nos libera para "seguir em frente sem olhar para trás", levando no coração o trigo e soltando o joio daquilo que recebemos, demos e vivemos. Essa tripla concordância – comigo, com o outro e com a vida como ela se apresenta – nos tira da ausência de nós mesmos e nos libera para nos mantermos presentes, inteiros, em cada momento que vivemos.

Essa concordância nos permite soltar as amarras do passado e olhar para o presente e o futuro de forma mais livre, ou seja, nos sentindo mais livres para criar a realidade que queremos viver. Tudo o que vivemos no passado tem um sentido e um significado no nosso projeto evolutivo de alma. Para sermos quem somos e fazermos o que fazemos, precisávamos ter vivido o que vivemos até aqui.

Somos os filhos certos para os nossos pais e eles são os pais certos para nós. Sem eles a vida não teria chegado até nós. Sem eles não teríamos a oportunidade de viver essa jornada evolutiva. Só isso já é razão suficiente para a nossa gratidão eterna. O que fazemos com o que recebemos deles é da nossa responsabilidade e competência.

Quando paramos de nos queixar e de ter como referência, e desculpa, os sofrimentos do passado, aí sim, podemos assumir o nosso lugar de adulto e tomar nas mãos as rédeas do nosso presente, fazendo escolhas mais livres e arcando com as suas consequências, sejam elas quais forem.

Sabe, tem muito mais a ser falado, mas tem tanta história a ser vivida que precisamos de mais tempo para tudo isso. Vamos um dia de cada vez, entendendo que é possível se amar, é real esse caminho, não é cilada, e você pode começar agora. Te convenci? Simbora virar a página então ;)

CAPÍTULO 5

EM DIREÇÃO AO #CORPOLIVRE

> "Jogue fora a ideia de que você tem que pausar a sua vida até estar completamente recuperada. Isso é só outro jeito de se apegar à perfeição. Progresso de verdade acontece quando você toma decisões melhores enquanto vive."
>
> – Yung Pueblo, poeta

Mesmo com tudo que aprendemos e lemos neste livro, todo dia nosso corpo muda, pessoas nascem, morrem... O corpo é vivo, fluido, dinâmico, orgânico, é seu. Entender que seu corpo PODE fazer as coisas e começar a viver com o que você tem agora é uma ação altamente positiva para a sua trajetória. Mesmo que você queira mudar. Mesmo que você permaneça insatisfeita. Se amar é um chamado. É quase como uma necessidade do ser humano, de se encontrar aqui, de viver o aqui, o agora. Ainda temos muito para viver. Nossa história pode e vai além. Já está acontecendo.

Por isso eu não me despeço deste livro com a pretensão de que você esteja completamente preparada e cheia de amor por si mesma agora, depois de toda essa leitura. Você pode estar cheia de dúvidas. Pode ter sentido que as peças se encaixam, mas ainda é muito difícil para você. E está tudo bem, sabe por quê?

Creio que passamos muito tempo acreditando que os fins justificariam os meios, em busca de um objetivo final, um corpo ideal... que acabamos nos perdendo no processo. Agora, nesse novo olhar, os meios justificam os fins, os meios são nosso ponto de atenção, são o nosso dia a dia, a nossa jornada. Todo dia é um dia diferente, para fazer diferente. Uma nova oportunidade. Então se hoje, enquanto termina de ler este livro, você ainda não se sente preparada, tudo bem. Amanhã é um novo dia para tentar de novo.

Em alguns anos, veremos, muito mais do que hoje, corpos fora do padrão alçando espaços de privilégio nunca antes representados. Vamos ter pessoas mais livres, menos mortes de mulheres por causa de cirurgia plástica e por tudo que vem em decorrência de transtornos alimentares. Vamos viver. Vamos estar por aí, ocupando lugares ainda mais altos. Quando menos esperarem, verão um corpo fora do padrão. Isso vai ser cada vez mais NORMAL. Porque é normal.

Algumas reflexões vão se tornar mais comuns, e espero ver cada vez mais mulheres sem medo de envelhecer. Não falo sobre isso aqui muito a fundo, mas deixo esse gostinho para um próximo livro. Quero e vamos ver mulheres fazendo as pazes com o tempo e suas trajetórias, contando suas experiências sem o peso do fim da juventude. Grandes marcas já estão colocando influenciadoras com mais de 40 anos para representar seus valores... e corpo livre é isso também: representatividade de todos os corpos e todas as suas histórias.

Já estou com saudade deste livro, até apegada, haha, mas te garanto que os próximos estão no forno para que essa conversa nunca acabe. A gente está sempre começando alguma coisa, iniciando e finalizando ciclos, então te provoco aqui para começar algo hoje. Comece a se amar hoje. Comece amanhã também, comece todos os dias. O amor é infinito e todo dia é um novo começo. Bora um dia de cada vez? Então bora juntas!

CAPÍTULO EXTRA

FAQ E GLOSSÁRIO DE PALAVRAS E EXPRESSÕES (COM EXPLICAÇÃO)

No *Pare de se odiar*, eu tive muitas respostas positivas sobre ser fácil a consulta de qualquer trecho do livro. Inclusive, fiquei imensamente feliz em saber da quantidade de exemplares que estão em escolas, com pessoas sendo educadas e alfabetizadas com acesso a esse conteúdo. Antes de seguir, os meus mais sinceros agradecimentos a todos que trabalham com educação e decidem transformá-la ao trazer a pauta do Corpo Livre ♥

Glossário com explicação

Body shaming: em tradução literal do inglês é envergonhar o corpo do outro. (A pronúncia é "bóri cheimin"). Ou seja: tornar o corpo de outra pessoa uma vergonha alheia, ridicularizando sua aparência, seja diretamente para a pessoa ou num comentário "inocente" entre amigos. Corpo nenhum é público para ser comentado e ridicularizado. Continuo usando a versão em inglês por falta de uma palavra em português que contemple todo esse entendimento, mas costumo usar vergonha do corpo alheio.

Body checking: em tradução literal do inglês é "checar do corpo". O termo Body Checking se popularizou como um nome dado ao excesso dessa observação do corpo, além do natural, quase de maneira compulsiva, que obviamente é uma porta aberta para crises emocionais, de identidade, angústias e não aceitação do próprio corpo.

Pressão estética: pressão que todas as mulheres sofrem para serem perfeitas a todo custo. Homens também sofrem, só que em escala menor, já que mulheres são julgadas pela aparência antes de suas capacidades, diferentemente do que acontece com — a maioria — os homens.

Gordofobia: preconceito contra pessoas gordas, que marginaliza, afasta e torna a pessoa gorda motivo de piada, sendo vista como doente, sem acesso a roupas e a todo aparato social. É desumanizar pessoas gordas única e exclusivamente porque são gordas. Isso faz com que a pessoa gorda tenha menos acesso, menos direito, menos possibilidades na vida. Fora todo constrangimento social.

Antigordofobia: ir contra o sistema gordofóbico e combatê-lo. Movimento que tem várias pessoas engajadas, seja no âmbito da moda, da estrutura da sociedade, da medicina, de pautas de comportamento...

Corpo Livre: movimento de aceitação corporal para todos os corpos, que visa a equidade corporal. Ou seja: que todos os corpos tenham o mesmo acesso, direitos e respeito. O que eu chamei de *body positive* no livro anterior hoje eu chamo de Corpo Livre por uma pressão de vocês para que se aportuguesasse as pautas. Falamos sempre de liberdade, mas liberdade com responsabilidade.

Gaslighting: é uma forma de abuso psicológico na qual informações são distorcidas, inventadas e/ou omitidas de forma seletiva para favorecer o abusador com a intenção de fazer a vítima duvidar da própria memória, percepção e sanidade.

Heterossexualidade compulsória: concepção social de que ser heterossexual é a norma, ou seja, o normal é seguir a heteronormatividade. A partir dessa ideia, as pessoas são criadas e socializadas com esse objetivo.

Body positivity x body neutrality: *Body positivity* ("positividade corporal") é um movimento social focado em empoderar indivíduos fora do "padrão", ao mesmo tempo que desafia as formas como a sociedade apresenta e vê o corpo físico. O movimento defende a aceitação de todos os corpos, independentemente da capacidade física, tamanho, sexo, raça ou aparência.

Body neutrality ("neutralidade corporal"): promove a aceitação de seu corpo como ele é, encorajando você a reconhecer suas habilidades e características não físicas independentemente de sua aparência. O objetivo é descentralizar o corpo como um objeto, desafiando o mito de que sua aparência impulsiona o seu valor.

Fat suit: o termo *fat suit* é usado para caracterizar o corpo gordo como fantasia ou caracterização e vem do nome em inglês para o traje que é usado por atores magros para interpretarem personagens gordos. Podemos observar produções audiovisuais que utilizaram esse recurso, como por exemplo *O professor aloprado* (Universal Pictures, 1996). Hoje, questionamos o lado preconceituoso disso e o porquê de não se contratar atores gordos em vez de vestir pessoas magras.

Midsize: termo utilizado por modelos e pessoas públicas para caracterizar um tamanho de corpo que viria antes do plus size, um tamanho médio, o famoso "nem gorda nem magra".

Plus size: Termo utilizado pela indústria da moda para caracterizar roupas de tamanhos acima do GG e/ou 46.

Hip dips: nome dado ao formato de quadril que possui uma curvatura mais acentuada, mais especificamente na região de encontro entre quadril e coxa.

Capacitismo: é a discriminação e o preconceito social contra pessoas com alguma deficiência. Em sociedades capacitistas, a ausência de qualquer deficiência é vista como o comum, e pessoas com alguma deficiência são entendidas como exceções; a deficiência é vista como algo a ser superado ou corrigido, se possível por intervenção médica. Um exemplo de postura capacitista é dirigir-se ao acompanhante de uma pessoa com deficiência física em vez de dirigir-se diretamente à própria pessoa. A falta de acessibilidade é um grande sintoma das sociedades capacitistas.

Sororidade: é o termo utilizado e amplificado pelo movimento feminista de união entre mulheres. O prefixo *soror* tem origem no latim e significa *irmã*. Quando falamos de sororidade hoje, questionamos atitudes como rivalidade feminina e *body shaming*, que não fortalecem o sentimento de empatia e solidariedade entre mulheres.

Lista de palavras preconceituosas sobre o corpo para deixar de usar e substituições

DEIXE DE USAR:	SUBSTITUA POR:
Gordice	Guloseima, comidas gordurosas
Acima do peso	Fora do padrão
Peso ideal	O peso em que me sinto confortável
plus size (ao se referir a uma pessoa)	Gorda ("plus size" é categoria de moda)

Perguntas muito frequentes que precisam ser respondidas:

Maquiagens "corretivas" e contornos que criam outros rostos: certo ou errado?
Muito se pergunta se é uma atitude preconceituosa usar a técnica de maquiagem que refaz o contorno de um rosto, uma vez que ela pode "emagrecer" ou afinar os traços. Bom, o fato é que na maquiagem existe essa técnica, que tem a ver com luz e sombra. Eu que trabalho com minha imagem percebo o quanto é necessário o contorno para a sua cara não ficar "chapada" e se conseguir, literalmente, um contorno, um contraste.

Além de "emagrecer", reforça traços, por isso tanta gente usa para fazer maquiagem de personagem, para mudar completamente o rosto. Se você quer usar essa técnica para ficar mais fina, ok, entende? Mas a resposta é simples: o que vale é a intenção por trás.

Por que nós mulheres parecemos viver em prol do olhar masculino e da inveja feminina?
Porque assim fomos criadas, ensinadas e repetimos os padrões de comportamento de nossas mães e avós. A mulher é criada para servir ao homem e desejar um casamento de sucesso, ou seja, ter alguém que a ame e proteja. Enquanto isso, os homens são criados e estimulados a ganhar o mundo. Nossa criação faz com que estejamos sempre em busca de sermos amadas e, para tanto, nosso corpo tem que ser alvo de desejo e melhor do que os das nossas "concorrentes". Raiz da rivalidade feminina.

Por que sempre questionam a saúde de pessoas gordas?
Porque se acham no direito de comentar sobre o corpo de qualquer pessoa, principalmente sobre o gordo. Nesse caso, questionar a saúde é um passo óbvio que vem na sequência de um corpo que está sendo sempre apontado, usado como referência, diminuído e

desumanizado. Se houvesse preocupação real com a saúde, pensariam na saúde mental também, na abordagem desse sentimento. Se houvesse preocupação com a saúde ninguém incentivaria a magreza.

Até onde o "eu me amo" é suficiente?
Até onde o "eu me odeio" foi suficiente para eu desistir da minha vida? Dizer que se ama, praticar o amor-próprio diariamente, só te faz BEM. Nada nunca vai ser bom o suficiente e até entender isso faz parte do processo de se amar e de se cobrar MENOS, bem menos! Essa lógica de se sentir menos, inferior, é o que incutiram em você, no que te fizeram pensar e acreditar sobre si mesma... Saiba que se amar é uma grande CONQUISTA!

Por que as academias não acolhem os gordos, e sim recriminam?
Não dá para entender, né? Principalmente porque para a sociedade o interessante é que as pessoas gordas emagreçam, mas nem na academia são aceitas. Nem no lugar que teria que se estar para perder peso o gordo é aceito. E a gente para e pensa: e as roupas de exercícios físicos para gordos, rola? Entende a hipocrisia social? Nunca foi pela saúde, e sim pela gordofobia mesmo. Não aceitam, não querem que entrem em nenhum espaço, não fazem roupa... É difícil, mas aos poucos marcas estão aumentando suas grades e incluindo pessoas fora do padrão em suas campanhas, fazendo com que o trato social comece a mudar também. Acredito que no próximo livro já teremos avançado nessa pauta.

É possível querer emagrecer e ainda sim se aceitar?
Essa é uma pergunta complexa de responder. A resposta fácil é: sim. Mas o que venho trabalhando há uns meses e desenvolvendo para próximos livros é o estudo do emagrecimento associado ao conceito Corpo Livre, de liberdade corporal. O que até já comentei aqui neste livro é que, quando falamos da indústria do emagrecimento a

todo custo, esse sistema é maquiavélico, ou seja: os fins justificam os meios. Quer ser magra, padrão? Dane-se a saúde, fica sem comer, faz cirurgia do dia para a noite, não pensa na saúde, e sim na estética, no fim.

Quando se fala de um pensamento Corpo Livre, é diferente, antimaquiavélico: os meios justificam os fins, entende? Dessa maneira, a sua vida saudável, a sua alimentação, a sua rotina de exercícios, os seus hábitos de autocuidado justificam a mudança corporal. Por isso que sim, é possível querer emagrecer e ainda sim se aceitar, mas se o FOCO for o emagrecimento, você vai cair na mesma armadilha da indústria da dieta, que faz você focar no resultado, não no caminho, tornando o processo pesado.

Mudando a forma de pensar, o caminho é leve e você entende que é um estilo de vida, é para a vida toda, e não com o objetivo único de emagrecer, entende? ISSO É SAÚDE (vai ter livro sobre isso logo menos).

Por que famosas sempre acabam emagrecendo?
Porque é isso que o mercado televisivo pede. Sabe a máxima de que "a tela engorda"? A jornalista Daiana Garbin tem um livro que se chama *Fazendo as pazes com o corpo*. Eu recomendo, porque nele ela conta sobre a pressão para emagrecer e estar na televisão, e como saiu dessa.

E quando são os próprios gordos que praticam gordofobia?
E quando somos nós mesmos os preconceituosos? Sabe? Quantas vezes você não agiu como sua maior inimiga, indo contra a sua essência, se autodepreciando, sendo gordofóbica consigo mesma, praticando *body shaming* contra si mesma? Infelizmente, reproduzimos o que aprendemos, por isso que parar de se odiar é começar a reconhecer o que fazemos contra nós mesmas, e começar a se amar é aprender a lidar com tudo isso. Não podemos julgar, já fomos daquele jeito e queremos que a pessoa encontre um caminho em direção à liberdade, à descontração, né?

Como explicar que não fazemos apologia à obesidade?
Está bem na moda falar de coisas sendo romantizadas, fazendo apologia, incentivando algo. E estão usando para falar sobre pessoas gordas que pararam de se esconder. Injusto, né? Pessoas gordas postam uma foto se sentindo bem, um depoimento de encontro com a própria autoestima, alguém aponta que está fazendo apologia à obesidade. A existência comum da pessoa gorda que passou anos escondida por vergonha, preconceito, que agora está se permitindo viver e se conectar com a própria vida virou pauta de incentivo a uma doença.

Obesidade é o excesso de gordura corporal, em quantidade que determina prejuízos à saúde. E dizer que só porque a pessoa gorda se aceita e vive feliz ela está romantizando algo, alimenta o estigma e a discriminação que afetam tanto a nossa saúde mental. Pessoas magras postando seu corpo padrão, cheio de manipulação de imagem, não é apologia à magreza? Por que ninguém vê dessa forma quando se fala do outro lado e de pesquisas que comprovam que bastam 30 minutos num Instagram fitness para que você se sinta mal consigo mesma?

Quem comenta isso não se importa com a saúde desse corpo que não conhece. Nem a física, nem a mental! Se se importasse mesmo, não reforçaria a gordofobia, o culto à magreza, os distúrbios alimentares, a depressão... Dizer que um corpo gordo que apenas existe, incentiva outras pessoas a serem gordas é a mesma lógica de dizer que personagens gays na TV incentivam pessoas a serem gays. Ou seja, nada ver, né?

Até porque, quando uma pessoa magra posta vídeo fazendo banquete de fast-food ou entrando numa banheira de chocolate, ninguém diz que é apologia à obesidade, né não? E esse povo ainda tem a cara de pau de falar que está fazendo "gordice". A única coisa que você pode dizer a respeito de um corpo gordo, SÓ DE OLHAR PARA ELE, é que ele é gordo. Não use o termo obesidade para pessoas gordas se você não é da área médica.

Por que dói ouvir que sou gorda apesar de ser verdade?
Por conta de todo estigma social atrelado ao "ser gorda", que já vem acompanhado de vários adjetivos pejorativos (bem sabemos quais), sempre diminuindo a pessoa pelo fato de a aparência dela não corresponder socialmente à "ideal".

Por que mesmo depois de emagrecer eu não me acho magra e não me aceito?
Falamos aqui neste livro sobre distúrbios alimentares e como esses transtornos afetam nossa saúde como um todo, inclusive a mental. Infelizmente, a disforia de imagem é uma realidade, e, quando focamos no resultado estético, nunca estamos satisfeitas com nosso corpo. É isso que a sociedade quer, que você se mantenha em constante insatisfação, em busca de algo irreal e inatingível.

É por isso que sempre recomendo tratamento terapêutico para conseguir abandonar esses pensamentos, para que você quebre esse ciclo vicioso de insatisfação, para que pare de acreditar que mudar seu corpo vai te trazer plenitude, sendo que, na real, a questão é muito mais interna e profunda.

Assim como contei na introdução do livro: eu fiz a lipo, fiquei "perfeita", mas mesmo assim quis morrer. Entende? Controlam tanto a nossa mente que associamos nossa imagem a uma sensação, e mudar isso não é fácil. Escrevi este livro inteiro para tentar fazer você entender tudo isso, mas, como falei, é interno e profundo, só você pode realmente fazer todo o movimento em busca da liberdade.

Como criar crianças sem esse estigma de corpo ideal?
Esse tema é bem delicado, mas absurdamente necessário. Logo após este livro que está em suas mãos, meus próximos projetos literários envolvem, também, essa temática do Corpo Livre para crianças e adolescentes. Como criar seres livres? Como fugir das armadilhas da pressão estética? Como ter uma criação gentil, humana, com uma abordagem que incentiva o amor-próprio?

Eu tenho muitas perguntas, mas ainda poucas respostas. No próximo livro, esse assunto terá caminhado, até porque é um desafio pessoal para mim também, e temos o dado de que crianças já começam a fazer dieta e a ficar insatisfeitas com seus corpos desde muito cedo, aos 4/5 anos... E como serei eu, mãe também? Pode contar comigo nessa pauta e me cobrar mesmo sobre isso, pois estamos no caminho.

Como saber se é o que quero ou se é apenas pressão estética?
Não sei se estou sendo repetitiva, já respondi lá atrás, mas vale reforçar e essa pergunta é daquelas difíceis de lacrar (como se alguma fosse fácil, hahaha). Mas como entender que algo que você quer é realmente por vontade própria ou algo que foi construído, entranhado em você desde pequena e você nem faz ideia? Sabe quando você tem certeza sobre algo? Quando a sua intuição diz: é isso. Então... só você vai saber dizer.

E vamos combinar uma coisa? Mesmo que você perceba que é apenas pressão estética, se isso te faz sentir bem consigo mesma, ok, sabe? A diferença é você aprender a lidar com essa situação, sabendo que pode passar por gatilhos emocionais que te façam voltar para um lugar de "perfeição", o que gera ansiedade, medo, distúrbios...

Por isso o processo de autoconhecimento é tão engrandecedor e valioso, um caminho sem volta, porque você sabe o que quer para a sua vida. E entende que se arrepender faz parte, mudar de ideia, perceber que estava enxergando de outro modo. Eu mesma fiz tanta coisa que hoje nunca faria, mas, se eu me julgar e ficar presa no que já fiz, não ando, não sigo em frente. Então entenda: se você se sente bem com a decisão, seja feliz com ela.

Aceitação não se torna mais fácil quando se tem visibilidade?
Faz sentido essa pergunta, pois parece fácil se aceitar quando se tem milhões de seguidores que te amam e falam como você é linda todos os dias, como você os ajuda todos os dias... Mas você que me

conhece agora, nem sempre foi assim. Meu processo de desconstrução está todo na internet, no YouTube, bem no comecinho, depois no *Pare de se odiar*, em todos os meus conteúdos.

Eu tive que ser vulnerável e me abrir sobre o que rolava comigo, e hoje entendo a "coragem" que tanto admiram, tanto comentam. É a coragem de ser vulnerável, de se abrir, de falar sobre suas inseguranças e entender que não é do dia para a noite que as coisas acontecem, é ouvir críticas, receber ódio também...

Então não é simples como se imagina: se por um lado é mais fácil porque tem muita gente te questionando, o que acelera o processo interno de questionamento, e também gente te apoiando... por outro, também é muito mais difícil ser verdadeira, vulnerável e se abrir para milhares de pessoas, assumindo o risco de ser odiada e julgada por isso, sofrendo várias consequências, inclusive muitas que atrasam o processo, entende? Não existe caminho fácil na trajetória da aceitação.

Como lidar com as mudanças do corpo ao longo do mês sem ter variações no amor-próprio?
Como ter controle de tudo sobre seu corpo? Parece um jogo impossível de ganhar. A necessidade de controle sobre as coisas revela a insegurança de lidar com elas. Não vamos conseguir controlar a forma como nos sentimos, não controlamos o externo, a vida dos outros, tudo que acontece independentemente de nós. Então lidar com mudanças é entender que isso vai acontecer sempre, e descobrir um caminho de gentileza consigo mesma para aprender a acolher os sentimentos, e não ser controlada por eles. Volte para ler o quarto capítulo, que ele te ajudará nessa.

Qual a diferença de ser gorda e ser saudável?
Gorda = característica física. Ser saudável = uma série de fatores do estilo de vida da pessoa que faz com que ela tenha uma vida plena, com qualidade e bem-estar.

Por que IMC não é uma métrica confiável para medir a saúde?
Muitos médicos ainda usam a técnica do IMC para classificar uma pessoa pelo peso. Essa técnica foi inventada em 1830 por um matemático belga. A última vez que esse sistema foi atualizado foi nos anos 1990, quando a OMS mudou os parâmetros para sobrepeso baseados no IMC. Se você acha que um sistema que teve o último update nos anos 1990 não está obsoleto, te desafio a usar o WINDOWS 98 por uma semana, e aquele celular Nokia que parecia um tijolo com antena.

O IMC desconsidera completamente qualquer outro fator além da altura e do peso de uma pessoa, e estudos nos Estados Unidos mostram que um número altíssimo de gente com IMC "normal" com anormalidades cardiometabólicas (termo médico para quem não está saudável), e um número igualmente alto de pessoas com IMC alto que não tem NENHUMA dessas anormalidades cardiometabólicas. O IMC é um sistema obsoleto e que já foi considerado comprovadamente incompleto. Esse assunto vai crescer nos próximos livros, estamos caminhando!

O que fazer quando seu parceiro não gosta do seu corpo?
Sempre foi assim? Por que ele não gosta? Você engordou, emagreceu, engravidou, mudou? A primeira coisa que você precisa saber é que nossos corpos vão sempre mudar. Seu corpo vai mudar até o fim da vida, muito. Mesmo que você seja naturalmente magra ou gorda, o corpo muda para além do tamanho. Existe o fator elasticidade, tempo, gravidade, hormônios, gravidez, marcas... Tanta coisa.

Quando desejamos estar com alguém, que essa pessoa seja nossa parceira, lógico que existe a atração física, mas só ela não pode contar para que o amor exista. Assim como você muda, a pessoa com quem está também vai mudar, entende? Primeiro, tenha uma conversa honesta com a sua pessoa, depois decida se vale a pena mudar sua aparência em prol de alguém que só foca nisso. Em muitos casos, muda-se a pessoa que está ao seu lado.

Qual o limite entre se preocupar com a saúde de um amigo e ser gordofóbico?
Se você se preocupa com seu amigo que está com dívidas no banco, você doa dinheiro para ele? Então entenda: preocupação é diferente de se meter na vida do outro. Se a pessoa não te pede dinheiro emprestado, você não dá. E olhe lá, mesmo que peça, você pode não ter, não querer dar... Use a mesma lógica: não se meta, não fale nada, mesmo com as melhores intenções, apenas se pronuncie se a pessoa pedir ajuda, e olhe lá!

O corpo gordo e fora do padrão no movimento LGBTQIA+ sofre gordofobia, pressão estética, *body shaming*?
Óbvio que sofre, e muita! Eu, por exemplo, por ser lésbica, percebi que as lésbicas mais aceitas são mais próximas do padrão, por que será, né? Existe toda uma questão no meio gay também sobre os ursos, ou no meio da letra T, onde mulheres trans e travestis precisam se adequar à estética padrão para serem lidas socialmente como mulheres... Então esse assunto traz diversas questões e recortes, que eu abordarei no próximo livro com mais profundidade, até porque sou nova no rolê e na pesquisa.

Agradeço a todo mundo que fez parte do processo deste livro e a todos os meus projetos que permitiram que eu o escrevesse. Toda equipe Alexandrismos + Movimento Corpo Livre; às maravilhosas da Mattoni Comunicação; ao Grupo Editorial Record, que acreditou demais em mim e na potência da nossa pauta; a minha família incrível, a minha esposa linda... E principalmente a todas vocês que dedicaram seu tempo ao meu conteúdo, ao que tenho a falar e tudo que vem junto com essa pauta necessária. Agradeço por confiarem no meu trabalho e agradeço por todas as pessoas que estão comigo nessa esperança de que estamos no caminho certo em direção à liberdade ♥

Se você chegou até aqui e quiser compartilhar o que leu aqui, você com a capa maravilhosa, sei lá, não esqueça de usar hashtags #CorpoLivre #ComeceASeAmar , que estarei de olho! Um beijo e um queijo com óregano em cima e até o próximo livro!

NOTAS

1   Disponível em: https://www1.folha.uol.com.br/mpme/2019/12/consumo-com-proposito-e-principal-tendencia-para-2020-diz-consultoria.shtml. Acesso em: 09 set. 2021.
2   Disponível em: <http://ego.globo.com/famosos/noticia/2016/01/preta-gil-comenta-ofensas-apos-fotos-de-perna-mostra-fico-chocada.html>. Acesso em: 24 jun. 2021.
3   Disponível em: <https://hugogloss.uol.com.br/buzz/vinoinstagram/bruna-marquezine-desabafa-apos-comentario-sobre-seu-corpo-e-relembra-depressao-sofri-e-muito/>. Acesso em: 24 jun. 2021.
4   Disponível em: <https://www.usatoday.com/story/life/people/2014/05/01/emma-stone-body-image-spider-man/8541525/>. Acesso em: 05 ago. 2021.
5   Disponível em: <https://exame.com/economia/brasil-e-nono-pais-mais-desigual-do-mundo-diz-ibge/>. Acesso em: 05 ago. 2021.
6   Disponível em: <https://www.aafprs.org/Media/Press_Releases/2019Jan23_AnnualTrendSurveyResults.aspx?WebsiteKey=5d3e122f-6cba-47ca-a903-c75cb1c94f61>. Acesso em: 05 ago. 2021.
7   Disponível em: <https://www.voguebusiness.com/companies/kim-kardashian-west-on-shapewear>;<https://www.forbes.com/sites/maddieberg/2021/04/06/kim-kardashian-west-is-officially-a-billionaire/?sh=44a9204821bb>. Acesso em: 05 ago. 2021.
8   Disponível em: <https://www.dailyrecord.co.uk/entertainment/celebrity/movie-qa-with-sandra-bullock-1047796>. Acesso em: 05 ago. 2021.
9   Disponível em: <http://www2.cirurgiaplastica.org.br/blog/2020/02/13/lider-mundial/>. Acesso em: 05 ago. 2021.
10 Disponível em: <https://www.metropoles.com/brasil/no-brasil-em-media-sao-feitas-596-lipoaspiracoes-a-cada-24-horas>. Acesso em: 05 ago. 2021.
11 Disponível em: <https://www.terra.com.br/diversao/carnaval/rio-de-janeiro/musas-na-avenida-sabrina-de-virilha-sarada-e-vivi-de-medusa,ebd5210edc1b420c33bddaf5344e67d9wuqo01z4.html>. Acesso em: 05 ago. 2021.
12 Disponível em: <https://www.plasticsurgery.org/news/plastic-surgery-statistics>. Acesso em: 05 ago. 2021.

13   Disponível em: <https://www.researchgate.net/publication/231584372_Primary_Care_Physicians%27_Attitudes_about_Obesity_and_Its_Treatment>. Acesso em: 05 ago. 2021.
14   Disponível em: <https://extra.globo.com/economia/responsaveis-pelas-compras-em-96-dos-lares-mulheres-adaptaram-gastos-crise-23545285.html>. Acesso em: 05 ago. 2021.
15   Disponível em: https://www1.folha.uol.com.br/mpme/2019/12/consumo-com-proposito-e-principal-tendencia-para-2020-diz-consultoria.shtml. Acesso em: 09 set. 2021.
16   Disponível em: https://www.cosmopolitan.com/style-beauty/fashion/a36753559/victorias-secret-launches-vs-collective-celebrity-ambassadors/. Acesso em: 05 ago. 2021
17   Disponível em: <https://diariodocomercio.com.br/negocios/mercado-plus-size-cresce-apesar-da-pandemia/>. Acesso em: 05 ago. 2021.
18   Disponível em: <https://thebodyisnotanapology.com/magazine/weighting-to-be-seen-being-fat-black-and-invisible-in-body-positivity/>. Acesso em: 05 ago. 2021.
19   Disponível em: <https://www.eatingdisorderhope.com/blog/eds-miss-universe-beauty-pageants>. Acesso em: 05 ago. 2021.
20   Disponível em: https://www.paulinavega.com/2019/04/30/a-measure-does-not-define-me-from-skinny-to-curvy/. Acesso em: 09 set. 2021.
21   Disponível em: <https://super.abril.com.br/sociedade/instagram-e--a-rede-social-mais-prejudicial-a-saude-mental/https://super.abril.com.br/sociedade/instagram-e-a-rede-social-mais-prejudicial-a-saude-mental/>. Acesso em: 05 ago. 2021.
22   Disponível em: <https://vestibular.uol.com.br/resumo-das-disciplinas/atualidades/feminicidio-brasil-e-o-5-pais-em-morte-violentas-de-mulheres-no-mundo.htm>. Acesso em: 05 ago. 2021.
23   A frase é atribuída a um discurso de 1998, mas uma derivação, não é original.
24   SORAYA, Chemaly. *Rage Becomes Her: The Power of Women's Anger*. Nova York: Atria Books, 2018.
25   Disponível em: <https://www.glamourmagazine.co.uk/article/enhanced-photos-social-media-law>. Acesso em: 05 ago. 2021.
26   Disponível em: <https://www.techtudo.com.br/noticias/2018/08/usuarios-do-snapchat-fazem-cirurgia-para-se-parecer-com-filtros-do-app.ghtml>. Acesso em: 05 ago. 2021.
27   CYRUS, Miley. *Miles to Go*. Nova York, Hyperion Books, 2009.
28   Disponível em: <https://sophiederam.com/br/emagreca-com-saude/dietas-restritivas/>. Acesso em: 05 ago. 2021.
29   KTOW, Crystal; ABEL, Sam. *Eating While Fat: Mapping the Journey*. In: *Body Stories: In and Out and With and Through Fat*, de Adrew, Jill e Friedman, May (Orgs.) Ontario: Demeter Press, 2020.

30 Disponível em: https://pubmed.ncbi.nlm.nih.gov/18695075/. Acesso em: 09 set. 2021.
31 Disponível em: https://www.karger.com/Article/Abstract/503751. Acesso em: 09 set. 2021.
32 Disponível em: <https://entretenimento.r7.com/famosos-e-tv/cleo-pires-rebate-criticas-e-fala-em-muitas-marcas-e-abismos-06102019 (06/10/2019)>. Acesso em: 05 ago. 2021.
33 Disponível em: <https://www.cnnbrasil.com.br/saude/2020/10/21/brasil-tem-86-2-da-populacao-adulta-acima-do-peso>. Acesso em: 05 ago. 2021.
34 Disponível em: <https://www.vice.com/pt/article/ypgvaj/o-problema-da-celulite-e-uma-invencao-moderna>. Acesso em: 05 ago. 2021.
35 Disponível em: <https://universa.uol.com.br/noticias/redacao/2014/04/02/manchas-atingem-75-das-gravidas-e-estrias-90-saiba-evitar.htm>. Acesso em: 05 ago. 2021.
36 Disponível em: <https://epoca.globo.com/brasil-lidera-ranking-de-cirurgia-plastica-entre-adolescentes-23651891>. Acesso em: 05 ago. 2021.
37 Disponível em: <https://noticias.r7.com/saude/brasil-e-lider-em-cirurgia-intima-feminina-entenda-por-que-15062019>. Acesso em: 05 ago. 2021.
38 FRIEDAN, Betty. *A mística feminina*. Rio de Janeiro: Rosa dos Tempos, 2020.
39 KAUR, Anoop. *Aprendendo o Amor-Próprio*. In: *Body Stories*, op. cit.
40 Disponível em: <https://www.prnewswire.com/news-releases/new-dove-research-finds-beauty-pressures-up-and-women-and-girls-calling-for-change-583743391.html>. Acesso em: 05 ago. 2021.
41 Disponível em: <https://www.ted.com/talks/kjerstin_gruys_beauty_a_bad_investment>. Acesso em: 05 ago. 2021.
42 Disponível em: <https://hospitalsantamonica.com.br/estudo-aponta-que-meninas-de-apenas-7-anos-ja-se-sentem-pressionadas-ter-aparencia-perfeita/>. Acesso em: 05 ago. 2021.

Este livro foi composto nas
tipologias, charter, didor, times,
calibre, wingdings e impresso
em papel Offset 80g/m² na
Gráfica Eskenazi.